InnovaVerlag
Lebensbücher

„Die ZEIT hinter der Zeit"

MAYA-VISIONEN
– Begegnung mit HUNAB K'U –

Marion Miller

KONTAKT

Wenn Sie mit Marion Miller in Kontakt treten oder an einer Beratung bzw. einem Seminar teilnehmen möchten, dann besuchen Sie bitte folgende Homepage. Hier finden Sie die aktuelle Anschrift und Rufnummer.

www.visionmaya.de

Maya-Seminare, Maya-Einzelberatung, Maya-Reisen

IMPRESSUM

InnovaVerlag
Lebensbücher

Innova Verlag Ltd.
Kreittmayrstr. 13a
D-80335 München
Tel. +49 89 / 127 105 07
Fax +49 89 / 127 105 08
info@innova-verlag.de
www.visionstreffen.com

ISBN: 978-3-9810722-8-0

1. Ausgabe 2009, Bestell-Nr. 153003

DANKSAGUNG

Mein Dank geht besonders an den liebenswerten Verleger Oliver Beuchert vom Innova-Verlag, der mit seinem Team bereit war, in unserer jetzigen wandelbaren Zeit neue Wege zu gehen. Ich danke den Vorreitern des Maya-ZEIT-Wissens, die es mir und der Menschheit erst ermöglicht haben in das Maya-Wissen einzutauchen, wie Tony Shearer, José und Lloydine Argüelles, John Major Jenkins, Peter Tomkins, Jose Diaz-Bolio, Johann Kössner. Weiter möchte ich allen Menschen danken, die seit vielen Jahren mit mir den Maya-Weg gehen und mich immer wieder ermutigt haben ein Buch zu schreiben. Besonders jedoch danke ich den liebenswerten Freunden Max und Susanne Huber und den weiteren Freunden aus der Gruppe www.visionstreffen.com, bei denen ich immer wieder Rückhalt und Bestärkung gefunden habe meine Visionen zu leben, in der Gewissheit, Freunde zu haben. Der besondere Dank meines Herzens gilt den Mitgliedern des Ältestenrates der Maya um Don Valerio, Don Idelfonso, Antonio und dem Reiseleiter Uwe Rolli in Mexico. Mein unermesslicher Dank gebührt alleine meiner Tochter Jessica, die trotz meiner ungewöhnlichen Wege immer an meiner Seite steht.

Dyos bo'otik (Danke auf Maya)
Marion Miller
KIN 202, Weißer Resonanter Wind (Ton 7)
In Lak'ech

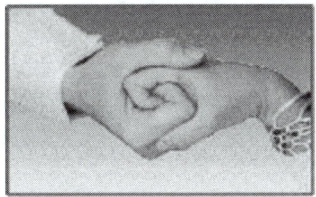

ICH BIN EIN ANDERES DU SELBST

INHALT

VORWORT

MAYA

Der Schleier des Unsichtbaren

Die Magie des Unsichtbaren liegt wie ein Schleier nicht nur über ganz Yucatan (Mexico) sondern um fast alles, was mit dem Namen Maya verbunden wird. Sicherlich, das Reich der Maya ist untergegangen, dennoch, ihre Erben sind zahlreich vorhanden. Das Erbe der Kultur selbst weist jedoch große Lücken auf, vieles wurde unwiederbringlich zerstört durch das Wirken von Naturkräften, aber auch durch die verschiedenen Eroberungszüge im Namen der spanischen Krone sowie im Namen der Kirche. Selbst bis zum heutigen Tag hin sind Diskriminierungen den lebenden Mayas gegenüber zu finden, viele werden noch immer ganz allgemein als Menschen zweiter Klasse bezeichnet und auch so behandelt. Das allgemeine Menschenurteil Primitiv trifft auch sie, sobald sie ihre Traditionen leben wollen und in ihrer Sprache sprechen wollen.

Doch die Welt steht Mitten in einem Wandel und viele Kulturen erinnern sich wieder an ihr Erbe. Der Ruf nach den Wurzeln der wahren Werte ist weltumspannend und begann fast gleichzeitig vor gut 20 Jahren um die Welt zu gehen. Dieser Ruf verstärkte sich auf seinem Weg ständig und ist inzwischen nicht nur bei allen ehemals unterdrücken Naturvölkern angekommen, sondern auch im Herzen der meisten Menschen.

Die Maya wussten von diesem Wandel und den damit einhergehenden Prophezeiungen. Jetzt beginnen einige von ihnen wieder die Sprache, Traditionen und die Bräuche der Ahnen zu verwenden. Viele sind wieder stolz auf ihr kulturelles Erbe und unterstützen die Arbeit, die Puzzles aus der Vergangenheit zusammen zu fügen. Sehr präzise sind die Überlieferungen des Maya-ZEIT-Wissens, das viel mehr ist, als sich nur an einem Kalender zu orientieren. Überaus komplexe Zusammenhänge, gleichzeitig gepaart mit genialer Einfachheit, geben sich zu erkennen und bringen ein Wissen an den Tag, das auch in unser überaus orientierten Computerwelt nur absolute Hochachtung verdienen kann. Spätestens hier sollte das Wort PRIMITIV genauer überdacht werden! Wenn z.B. etwas nicht benutzt wurde, wie das Rad, bedeutet das nicht unbedingt, dass es nicht bekannt war. Vielleicht kann es auch sein, dass es höher entwickelte Gaben und Fähigkeiten gab, bei denen es nicht notwendig war, sich z.B. des Rades zu bedienen. Ich bin durchaus der Meinung, dass in früheren Kulturen Techniken und Entwicklungen vorhanden waren, von denen wir heute nur zu träumen wagen. Vielleicht ist vieles einfach nur hinter dem Schleier der Zeit verschwunden und dieser scheint sich nun wieder zu lüften. In meinen Augen sind die Maya wirklich die absoluten HÜTER DER ZEIT und damit ein wichtiger Indikator für den Paradigmawechsel, dem ZEITEN-Wandel hier auf Erden.

Doch letztlich können wir uns momentan nur an dem orientieren, was noch vorhanden ist und aus mündlichen Überlieferungen wieder auftaucht oder aber an Informationen, die die ZEIT selbst freigibt. Das Feld der Spekulationen für Archäologen, Wissenschaftler und Kunsthistoriker oder auch nur für die einfach Interessierte wie für mich ist sehr groß. Wen wundert es da, wenn der Ruf nach Fakten da ist. Ich denke aus diesem Grund beginnen meist alle Maya-Bücher mit einer Abhandlung über den chronologischen Abriss der unterschiedlichen Maya-Zeitepochen. Doch die wenigsten Menschen, die Zeitangaben machen, verstehen wirklich etwas von Zeit. Ich bin der festen Meinung, viele unser Geschichtsdaten stimmen aus unterschiedlichen Gründen nicht. Viele Angaben wurden absichtlich gefälscht, um nicht schon bestehende Theorien ins Wanken zu bringen und gar die Geschichte neu schreiben zu müssen. Sicherlich hat einmal auf der Erde so etwas wie die Sintflut stattgefunden, doch wenn es dafür Datierungseventualitäten von 12.000 vor Christus bis 800 nach Christus geben kann, steht natürlich die Frage im Raum, wer kann da Recht haben? Erweitern wir noch unseren Blickwinkel mit der Möglichkeit, dass sich Zeiten und

Zeitgeschehen auch wiederholen können, könnte es vielleicht auch eine Sintflut Nr. 1 und eine Sintflut Nr. 2 gegeben haben? Mein Leben lang hat mich das Thema Zeit schon unglaublich fasziniert und für mich sind im Zusammenhang mit der Zeit so ziemlich alle Unmöglichkeiten tatsächlich möglich. Einige Maya-ZEIT-Kundige sagen aus, dass wir uns derzeit in der Zeit von Atlantis Nr. IV befinden, warum nicht?

Aus wissenschaftlicher Sichtweise ist es sicherlich nicht möglich, Alter in irgendeiner Art und Weise erfühlen zu können. Doch seit ich die Energie der ZEIT in Palenque oder auch an einem der anderen Orte der Maya-Hochkultur erspüren konnte, bin ich mir überaus sicher, dass viele Pyramidenbauten, egal wo diese auch auf der Welt stehen mögen, einfach älter sind als die Geschichte angibt. Die Maya selbst sagen: „Bewusstes Erwachen ist Erinnerung." Wobei aus meiner Sichtweise die Erinnerung nicht nur an die Vergangenheit gebunden ist und deshalb das festmachen an ein Datum lediglich bedeuten kann, einen Anker in der Zeit zu erschaffen. Aus diesem Grund werde ich so wenig wie nur möglich die überlieferten Daten der Geschichte verwenden. Aus der Welt der Maya haben wir tatsächlich schon sehr vieles übernommen, das mittlerweile selbstverständlich in unserem Leben ist, wie: Kakao, Mais, Kartoffeln, Tomaten, Erdnüsse, Vanille, Aloe, Mango, Avocado und bestimmt noch vieles mehr. Vielleicht ist es eines Tages möglich, dass die Rückbesinnung an die kosmische Ordnung und das damit verbundene ZEIT-Wissen der Maya auch so selbstverständlich sein wird, wie der Verzehr von Maya-Speisen – dann, ja dann werde ich ein kleines Stück dazu beigetragen haben und eine meiner Visionen, die ich in meinem Herzen trage, wird Wirklichkeit geworden sein.

DAS NICHTS ÖFFNET SICH

Der Anfang

Gelegentlich halte ich auch Vorträge zum Thema Maya und sehr oft werde ich dann gefragt, wie ich eigentlich dazu gekommen bin, diese Berufung, dieses Leben zu leben. Sicherlich gab es im Jahr 1995 einen so genannten Startpunkt, aber selbst diesen gäbe es nicht, wenn da nicht eine Art Vorgeschichte wäre. Wobei ich diese noch nie jemanden erzählt habe, weil ich mir nie sicher war, ob selbst ich den Anfang kenne. Zudem gibt es noch die absolute Unsicherheit, ob das überhaupt jemand hören möchte. Im Grunde genommen müsste ich anfangen, irgendwo meine Lebensgeschichte im Zusammenhang mit der Spiritualität zu erzählen. Aber dann stehe ich da und habe das Problem, dass das alleine schon ein abendfüllendes Thema wäre und so habe ich mich immer dahingehend beschränkt, die Anwesenden ausschließlich über das Thema des Maya-Wissens zu informieren. Jetzt hätte ich fast wieder so gehandelt, irgendwo anzufangen, weil ich letztlich dazu neige, meine Person nicht unbedingt in den Vordergrund zu stellen. Doch ich wäre nicht das, was ich jetzt bin, nämlich ein bewusstes Wesen im Dienst der Schöpfung, gäbe es da nicht diese unglaublichen Schlüsselerlebnisse in meinem Leben. Das letzte ist erst wieder wenige Tage alt und hat mich dazu bewogen, diese Zeilen dem nun schon fast fertigen Buch hinzuzufügen und Verschiedenes nochmals zu überarbeiten. Doch jetzt, wenn ich quasi den Anfang am Schluss schreibe, hab ich ein gutes Gefühl, es dann auch vollendet zu haben. Allen, die bereits geduldig auf die Veröffentlichung gewartet haben, möchte ich speziell auf diesem Weg noch einmal danken.

Ich bin mir sicher, wenn wir geboren werden, gibt es eine Art Plan für uns, zumindest werden uns verschiedene Gaben und auch Aufgaben mit in die Wiege gelegt. ...und mit jeder Minute, die ich lebe, die ich atme, bin ich auch gleichzeitig eine Minute meinem Tod näher und dann gibt es da nur noch eine einzige Frage: „Bin ich zufrieden?" Sollte ich das sein, dann kann ich mit einem zufriedenen Lächeln von dieser Welt gehen. Inzwischen kenne ich so einige Gaben und Fähigkeiten, die mir in die Wiege gelegt worden sind, eben so auch, was sich meine Seele ausgesucht hat zu lernen. Vielleicht wollte ich auch einfach schon immer mehr vom Leben wissen als allgemein andere Menschen. Jedenfalls habe ich schon als Kind begonnen, vieles einfach zu hinterfragen, und sehr oft hat mir meine Mutter erzählt, dass ich für ein Kind vollkommen ungewöhnliche Fragen gestellt habe und auch immer wieder vollkommen ungewöhnliche Zusammenhänge erkannt habe oder sogar als weitere Möglichkeit in den Raum gestellt habe, über die sie selbst erst einmal nachdenken musste. Heute ist es so, dass diese besonderen Kinder geläufig sind als Indigo-, Kristall- oder Diamantkinder, aber damals, ich wurde 1961 geboren, gab es noch keinen Namen für diese Art von Kindern.

Meine Mutter war 21 Jahre alt, als ich geboren wurde, und ich hatte von Anfang an ein besonderes Verhältnis zu ihr. Warum, das habe ich natürlich erst sehr viel später über das Maya-Wissen erfahren, leider zu spät für meine Mutter, aber ich denke, sie weiß es auch so, auch wenn sie nicht mehr unter uns lebt. Ich und meine Mutter tragen den selben Maya-Archetypen und waren auch stets im Leben wie Verbündete. Bestimmt weil sich unsere Seelen wieder begegnet sind, aber auch durch einen Zwischenfall, der während der Schwangerschaft stattgefunden hat. Meine Mutter hat mir später einmal erzählt, was sich da zugetragen hat.

Früher sind mir auf besondere Weise die Contergankinder aufgefallen, damals waren sie ja auch noch Kinder, und ich spürte eine starke Verbindung zu ihnen, die ich mir damals nicht erklären konnte. So richtete ich immer wieder entsprechende Fragen an Personen meines Umfeldes.

Als ich dann wohl alt genug war, um zu verstehen, habe ich von meiner Mutter erfahren, dass im Jahr 1961 Tausenden von Müttern die pure Angst im Nacken saß, eventuell ein behindertes Kind (und das dürfte noch der wohlgemeinste Ausdruck gewesen sein, der dafür im Umlauf war) zu bekommen. So auch meiner Mutter, denn damals war nur bekannt, dass die Missbildungen auf Grund von Tabletteneinnahmen zustande gekommen waren. Meine Mutter hatte zeit ihres Lebens immer wieder mit starken Kopfschmerzen zu tun, so auch zu Beginn der Schwangerschaft und sie hat deshalb eine Tablette genommen. Diese daraus resultierende Angst war (unser) ständiger Begleiter dieser Schwangerschaft. Erst kurz vor der Geburt hat meine Mutter meinem Vater gegenüber die Möglichkeit offenbart, dass da eventuell auch ein Kind mit einer Behinderung auf die Welt kommen könnte. Laut ihrer Erzählung muss mein Vater damals getobt haben und er hat ihr vor Augen gehalten, dass sie durch ihr leichtsinniges Verhalten ganz alleine die Schuld tragen würde, wenn da nun ein Krüppel auf die Welt kommt. Meine Mutter hätte sich damals sicherlich einen Partner gewünscht, der ihr beigestanden hätte und ihr Mut gemacht hätte und ihr versichert hätte, was da auch kommen mag, wir werden es schaffen. Aber nichts von dem war da, und so blieb, wie sie mir erzählt hat, nur das Gebet. Ganz bestimmt haben wir auf diese Weise schon miteinander kommuniziert, obwohl ich noch nicht geboren war, und ich bin mir sicher, damals, also als ich noch in Mutters Bauch war, hat sich bei mir eingeprägt: „Deine Mutter liebt Dich, wie Du bist, aber andere werden Dich nur lieben, wenn Du vollkommen bist!" Ungefähr 6 Wochen vor der Geburt hat meine Mutter zudem noch erfahren, dass sie ein relativ enges Becken hat, wohl weil sie selbst eine kleine und zierliche Person war. Bestimmt ein weiterer Punkt, als Erstgebärende Angst zu haben. Ich glaube meiner Mutter hat dann in ihrer Angst ihr Gebet dahingehend erweitert, nun ein gesundes und kleines Baby zu bekommen.

Ich wurde gesund und mit nur 49 cm geboren und alle waren damals entzückt von dem <Püppchen>, das da auf die Welt gekommen war. Heute weiß ich von der Erzählung her nicht mehr so recht, wer damals diesen Kosenamen aufbrachte, ob es die Hebamme, die Krankenschwester oder die Patentante war, aber würde meine Mutter noch leben, ich wäre immer noch ihre „PÜPPI", denn das war sehr viele Jahre lang mein Spitz- bzw. wirklicher Rufname innerhalb der Familie. So wurde ich geboren als älteste (aber immer noch kleinste) von insgesamt 5 Mädchen. Meine Mutter hat mir immer wieder versichert, dass sie versucht hat, all ihren Töchtern die denkbar gleiche Liebe angedeihen zu lassen und dennoch hatte sie nur zu mir diese besondere Verbindung, wie sie mir am Sterbebett versichert hat. Bestimmt sind schon einige Gedanken zu meinem Vater entstanden, aber dazu möchte ich erst später Bezug nehmen. Therapeutisch konnte ich das Schockerlebnis, auch wenn es sich tatsächlich schon vor der Geburt ereignet hat, auflösen. Das Streben nach Vollkommenheit ist geblieben, hat sich jedoch dahingehend geändert, dass dies nicht davon abhängig ist, ob Menschen mich lieben oder nicht und ich auch dahingehend keine Leistung erbringen muss, um von Menschen geliebt zu werden. Denn heute setze ich Vollkommenheit mit Erleuchtung gleich und so ist es für mich erstrebenswert, dafür zu leben.

Zeitweise war ich auch unter der Obhut meiner Großmutter, also der Mutter meiner Mutter, und ich habe auch gerne bei ihr übernachtet. Das Kinderbettchen war im Schlafzimmer meiner Großeltern untergebracht und am Abend, als ich zu Bett gebracht wurde, hat nicht nur meine Großmutter darauf bestanden, ein Abendgebet zu sprechen, sondern auch ich. Ohne das Jesuskind in meinem Herzen zu wissen, konnte ich einfach nicht schlafen. Denn es kann gut sein, dass für mich die Gespräche mit Gott schon begonnen haben, als ich noch gar nicht geboren war. Bestimmt wusste ich damals noch nicht, dass die Schöpfung einen Namen hat, die wir eben als Gott bezeichnen, aber gespürt hab ich die Energie in meinem kleinen Herzen.

Über dem Ehebett im Schlafzimmer meiner Großeltern gab es ein großes Bild mit einem Schutzengel darauf, der seine schützende Hand über zwei Kinder hält. Darüber ein herrlicher, blauer Himmel mit Sonnenstrahlen und einigen Schäfchenwolken. Aus unserer heutigen Sichtweise einfach nur Edelkitsch, aber damals für mich ebenfalls prägend.

Ich habe stets an diesen Schutzengel geglaubt, wie sich das einige Male noch in meinem Leben gezeigt hat.

An einem herrlichen Sommertag mitten im Juli 1966 hatte ich ein weiteres Schlüsselerlebnis, wie ich es gerne nennen möchte. Der Postbote brachte zur größten Freude meiner Mutter ein riesiges Paket. Ich erkannte auf dem Paket das Emblem eines Versandkaufhauses und wusste, die bestellten Sachen waren nun endlich da. Mein Herz schlug ein wenig schneller, denn meine Mutter ließ nie mit der Anprobe lange auf sich warten. Zur damaligen Zeit war ich die älteste von 4 Mädchen, die in einem Zeitraum von nur 5 Jahren geboren wurden, und ich war noch nicht in der Schule. Meine Mutter hatte die große Vorliebe, uns alle möglichst immer gleich zu kleiden. Dies hat oft für Verwirrung gesorgt, ständig wurden wir gefragt, ob wir zwei mal Zwillinge sind. Jedoch 4 Mädchen, wie die Orgelpfeifen hintereinander weg, sorgten immer für ein überaus großes Erstaunen, manchmal ernteten meine Eltern dafür absolute Bewunderung, aber oft auch nur Unverständnis, verbunden mit einem eindeutigen Kopfschütteln. Wie dem auch sei, meine Mutter hatte jedenfalls gefallen daran, ihre Mädchen so zu zeigen. Aber gleich viermal die gleiche Kleidung in unterschiedlichen Größen bei einem normalen Einkauf zu bekommen, das war fast ausgeschlossen. Abgesehen vom dem fast nicht zu bewältigendem Unterfangen, mit 4 Kleinkindern gleichzeitig einkaufen zu gehen.

So erinnere ich mich noch gut an den Anblick, als der Deckel des Pakets abgenommen wurde und die vielen, einzeln in Folie gepackten Sachen, in einem Feuerwerk von Farben zum Vorschein kamen. Meine Mutter, selbst im Eifer, die Sachen zu ordnen nach Art und Größe, was nicht ganz so leicht war, da die kleine Evelyn gleichzeitig immer wieder versuchte in den Karton hineinzusteigen, um ebenfalls zu helfen. So bat mich meine Mutter, meine anderen beiden Geschwister herbeizuholen. Mir war klar, dass die Anprobe erst starten konnte, wenn wir alle da waren, also ein Grund mehr, mich zu beeilen. Ich dachte mir, Barbara ist bestimmt draußen im Garten in der Schaukel. Aber als ich dort ankam, war da niemand, also führte mich mein Weg vor das Haus und dort waren beide, Petra und Barbara mit ihren Dreirädern auf der anderen Straßenseite. Unweit vor unserem Haus auf der rechten Seite stand ein LKW einer Umzugsfirma mit einer bereits weit geöffneten Luke. Ich hab mir in diesem Moment gewünscht, wenn dort wieder neue Leute einziehen werden, dann sollen diese bitte auch Kinder haben, damit wir spielen können. Dann rief ich meinen Geschwistern entgegen: „Schnell, schnell heim kommen" und ich rannte auf die Straße. In meinem rechten Augenwinkel nahm ich noch etwas Schwarzes war, dann hörte ich ein schreckliches Quietschen von Reifen und ein dumpfer Schlag beendete abrupt meinem Spurt über die Straße. Ich spürte die Wärme der Straße unter mir, sah den blauen Himmel mit den Wolken über mir, hörte meine Geschwister schreien, Menschen rufen und immer wieder: „mein Gott, mein Gott, mein Gott...". Ich konnte meinen Blick nicht vom Himmel lassen, das weiß ich noch genau und es war so hell, dass ich fast die Wolken nicht erkennen konnte, aber ob ich erschrocken war, ob da mein Schutzengel war und ob mir etwas weh tat, da gibt es in mir keine Erinnerung mehr. Irgendwie stand ich plötzlich wieder auf meinen Beinen, rechts und links gestützt von meiner Mutter und ich glaub von einer Nachbarin. Ich sah die graue Straße unter mir und wie dort immer wieder große Bluttropfen landeten. Dann wurde es vollkommen dunkel um mich.

Wenn ich mir heute noch überlege, wie es dann weiterging, dann beginnen die Bilder damit, dass ich mich sehe, wie ich auf einem Liegestuhl auf der Terrasse liege. Mit einer bunt karierten Wolldecke bis zum Kinn hin zugedeckt und ein Mann beugt sich seitlich über mich. Erst dann will ich wissen, wer dieser Mann ist, und dann schau ich ihm ins Gesicht. Es ist unser Hausarzt, Dr. Müller. „Du machst ja Sachen, tut Dir was weh?" Ich hab nur den Kopf geschüttelt, denn irgendwie war jetzt nur eines wichtig: Wo ist der Himmel mit den Wolken, wo ist die Sonne? Dann hörte ich den Arzt wieder sprechen: „Kannst Du mich sehen?" Ich schaute ihm in die Augen, um dann sofort wieder an ihm vorbei nach den Wolken am Himmel zu suchen. Da der Balkon darüber einiges an Sicht versperrte, konnte ich nur einen kleinen Streifen Himmel erkennen, aber immerhin – und ich denke, ich habe gelächelt. Denn dadurch bemerkte ich, dass mir mein Mund sehr weh tat und alles geschwollen war. Meine Hand, die ich an die Mund führte, hat das bestätigt. Der Arzt meinte: „Magst was trinken?" Ich nickte nur und dann beugte sich meine Mutter über mich mit einem Glas Wasser, in dem ein Strohhalm steckte. „Schau mal Püppi, hier kannst Du vorsichtig mit dem Röhrle trinken". Es schmeckte nach Blut und es brannte im Mund. Aber das war mir auch irgendwie egal, denn jetzt wollte ich nur meine Mutter umarmen. Ich streckte ihr beide Arme entgegen. Dr. Müller machte etwas Platz und meinte. „Glück gehabt, der liebe Gott wollte Dich noch nicht, jetzt tust schnell wieder gesund werden." Diese Worte klingen noch heute in meinen Ohren, dann bin ich glückselig in den Armen meiner Mutter wieder eingeschlafen. Bei diesem Autounfall hatte ich meine kompletten Vorderzähne (Milchzähne) verloren. Als die Schwellung weniger wurde, stand der Besuch beim Zahnarzt an. Erst da sind mir die Worte wieder eingefallen und ich hab dann damals meine Mutter gefragt: „Hab ich jetzt keine Zähne mehr, weil mich der liebe Gott nicht mag?" Sie hat natürlich gefragt: „Wie kommst denn darauf?" Ich gab ihr dann zur Antwort: „Ja, das hat doch der Dr. Müller gesagt." Sie hat mir dann erklärt, dass man das nur so sagt, denn die meisten meinen, man muss sterben, um zum lieben Gott zu kommen. Du bist aber nicht gestorben, Dein Schutzengel hat auf Dich aufgepasst. Meine Mutter hat mir versichert, ich hätte dann gesagt, dass ich genau weiß, dass man nicht sterben muss für den lieben Gott, er wäre immer noch da und dann hätte ich auf mein Herz gezeigt. Zudem hab ich ihr versichert, dass es so wäre, dass der Schutzengel bestimmt auf mich aufgepasst hat. Ich erinnere mich daran, dass mit den Bildern in der Erinnerung zu Himmel und Wolken das Bild des Schutzengels, das ja in Wirklichkeit im Schlafzimmer meiner Großeltern hing, vor mir auftauchte. Das passiert mir sogar heute noch gelegentlich, wenn der Himmel besonders blau und die Wolken besonders schön sind. Als ich dann gute 7 Jahre alt war, sind die Zähne wieder gewachsen, allerdings kreuz und quer und noch viele weitere Besuche beim Kieferorthopäden waren nötig, fast immer in Begleitung mit Mama. Danach sind wir immer noch ins Café gegangen und das war eine Gemeinsamkeit, die nur wir beide hatten, wie ein Ritual, das nur uns gehörte. Natürlich gab es dort viel Gelegenheit zu

Gesprächen, aber meine Mutter meinte, ich hätte immer vermieden, über den Unfall zu sprechen, und so hat sie mich gelassen. Vielleicht mag es den Anschein erwecken, dass meine Mutter und Großmutter besonders gläubige Menschen waren, aber das kann ich nicht mal so sehen. Sie gingen nur sehr selten in die Kirche und haben im Grunde genommen nie sehr oft von Gott gesprochen, aber wenn, dann war es intensiv, eben sehr echt und durchaus etwas Besonderes. Ich glaube, ich wollte das Besondere in meinem Herzen nie verlieren und habe deswegen damals auch nur selten darüber gesprochen.

Für meinen Vater gab es die Verbindung zu Gott überhaupt nicht. Er hatte stets keine guten Worte in diesem Zusammenhang von sich gegeben. Er hat sich selbst durchaus als Atheist bezeichnet. Als meine jüngste Schwester geboren wurde war ich damals 11 Jahre alt und ich erinnere mich noch recht genau daran, jedes Ansinnen einer Taufe endete in einem Streitgespräch mit meiner Mutter oder gar mit der ganzen Familie. Letztlich hat das nur gezeigt, sich gegen den Vater durchzusetzen war immer ein fruchtloses Unterfangen. Erst als unsere damalige örtliche evangelische Kirchengemeinde einen etwas moderneren Pfarrer bekommen hat und meine Mutter doch irgendwie darauf bestand, dass die kleine Alexandra vor ihrer Einschulung getauft wird, hat mein Vater nachgegeben und sie wurde im Alter von ca. 5 Jahren gemeinsam während einer Konfirmationsfeier getauft. Das war damals natürlich ein kleines Aufsehen und wieder ein Grund mehr, möglichst nicht in Gegenwart meines Vaters davon zu sprechen, und somit war das Thema Glaube und Gott und ähnliches Ansinnen, was es auch immer damit zu haben könnte, irgendwie nicht mehr gegenwärtig, was nicht bedeutet, dass es nicht mehr da war! Nur für meinen Vater war Gott nicht da, denn ihn gab es in seiner Welt nicht, demnach war Gott für ihn Nichts. So blieb mir keine andere Gelegenheit, als das <Nichts> in mir zu bewahren und ihm vielleicht einen anderen Namen, eine andere Bedeutung zu geben, und dennoch war es nur da, nicht aber präsent.

WAKAN TANKA

Glauben und Denken der Prärie-Indianer
Der Indianer in mir

Als ich 16 Jahre alt war ereignete sich per Zufall etwas, das meinem Leben eine neue Wende gab. Wir wohnten damals in einem alten unbewirtschafteten Bauernhof, den meine Eltern gekauft hatten, als ich ungefähr 9 Jahre alt war. Wir lebten so inmitten der Natur mit verschiedenen Kleintieren und jede Menge Grund um das Haus herum. Ich habe dieses, wenn auch veraltete Anwesen, sehr geliebt. Es ergab sich eines Tages die Anfrage, ob es denn nicht möglich wäre, dass ein Westernverein mit Pferden bei uns auf dem Grundstück ein Camp aufschlagen könne. Erstaunlicherweise hat mein Vater dem sofort zugestimmt. Bestimmt weil auch er bei dem Gedanken der Lagerfeuerromantik schwach wurde. Aber dann geschah das für mich Unerwartete. Ein relativ unscheinbarer und eher schmaler junger Bursche fragte mich nach etwas längeren Holzstangen, weil er damit sein <Tipi> (Zelt der Indianer) aufbauen wollte. Ich hab ihm geholfen, die Stangen zu organisieren, jedenfalls so viele, dass es gerade möglich war, sein Tipi aufzubauen. Schon immer hatten es mir die Indianer irgendwie angetan, viele Male im Fasching war ich ein tapferer Krieger oder ein Häuptling und nun stand in Wirklichkeit ein lebensgroßes Tipi in unserem Garten, ich war fasziniert. Alles wollte ich über die Indianer wissen, wir haben stundenlang über Handarbeiten, Geschichte und auch über <Wakan Tanka> (indianischer Name für Gott) gesprochen. Damit zeigte sich in mir eine alte Vertrautheit, als wäre wieder etwas da, was einst lieb gewonnen, aber doch verloren war.

Ich bin damals in diesen Indianer- und Westernverein eingetreten und der junge Mann, ein Herr B. Miller, wurde mein Freund und recht schnell (mit 18) dann mein Ehemann. Heute weiß ich, dass das Bündnis der Ehe damals auch eine Flucht von zu Hause war, aber damals stand das Hobby, wie wir es nannten, im absoluten Vordergrund. Wir haben zahlreiche Treffen im ganzen Deutschland besucht und irgendwann kamen auch die Einladungen, weil gerade wieder <echte> Indianer im Lande waren. Diese wurden ab Mitte der 70er Jahre und vermehrt zu Beginn der 80er Jahre im Auftrag des Ältestenrates der Indianer Nordamerikas nach Europa geschickt, um zu lehren. Gerne haben diese natürlich die Angebote angenommen, auch in Deutschland in Camps bzw. in Tipis zu wohnen, um dann inmitten von Mutter Erde ihre Workshops, Schulungen, Rituale und Schwitzhütten abzuhalten. Sehr schnell hab ich mich mit dem Glauben und Denken speziell der Sioux-Indianer vertraut gemacht, indem es gilt, alles zu ehren, was im Sinne von Wakan Tanka geschieht. Dabei konnte ich erfahren, dass Wakan Tanka nicht nur der <Große Geist> ist, sondern damit wird eher das Geistige, ja das Beseelte, das in allem ist, gemeint.

Sehr bald schon war ich Hüterin von einem so genannten persönlichen <Bündel> in dem kleine Gegenstände aufbewahrt wurden, die dazu dienten, die Botschaften (das Gebet) an Wakan Tanka zu verstärken oder die Botschaft von Wakan Tanka zu erkennen, zu entschlüsseln und in spirituelle Energie freizusetzen. Die Eule, die mich schon immer irgendwie durch mein Leben begleitet hatte, wurde damals mein Krafttier. Und wen wundert es da, wenn ich ein Eulenbündel hatte? Heute verstehe ich von diesen Dingen sicherlich mehr, denn ich bin mir sicher, Indianer und Schamanen wie Wallace Black Elk, Archie Fire Lame Deer, und Sun Bear konnten viel mehr sehen als nur die Person, die vor ihnen stand, was ich mir damals nicht erklären konnte. Ich habe oft die Gelegenheit bekommen, den Ehrenplatz einzunehmen (meist immer der direkte Platz neben dem Gast, selten auch mal den Platz direkt gegenüber). Heute verstehe ich es besser. Ich habe dadurch die Möglichkeit erhalten, extra Anweisungen und auch Unterricht zu bekommen. Natürlich waren es hauptsächlich spirituelle Unterweisungen, die manchmal nicht länger waren als ein Satz, aber sehr oft in einer wunderbaren Geschichte eingefügt waren. Durch die Indianer wurde allgemein meine Fähigkeit geschult, in Bildern und Gleichnissen zu sprechen bzw. diese auch zu verstehen. Ich habe damals angefangen, das Leben mit den Augen eines Indianers zu sehen. Die Indianer haben Namen vergeben auf Grund von Körpermerkmalen, Charaktereigenschaften oder Vergleichen zur Natur und ihren Geschöpfen. So war der indianische Name immer etwas Ehrenwertes. Es schicke sich keinesfalls, seinen Indianernamen selbst bei einer Vorstellung zu verwenden, sondern es war üblich, dass dies jemand anderer übernahm, und meist glich das bei dieser Gelegenheit auch einer <bildhaften> Lobpreisung und damit erneuten Ehrung des Namens. Hierzu ein kleines Beispiel: Es wäre nicht angebracht, hier meinen indianischen Namen zu nennen, aber ich kann erzählen, dass einmal ein Schamane zu mir gesagt hat: „Eine Eule kann niemals den Kopf unter den Flügel stecken, sei Dir dessen bewusst und handle danach, Du bist die Eule."

Jeder, der zwischen den Zeilen lesen kann, kennt nun meinen indianischen Namen, ohne dass ich mich selbst so vorgestellt hätte. Damit war das eben auch ein exzellentes Beispiel, wie es funktioniert, in Gleichnissen oder Bildern zu sprechen. Mit der Zeit wurde es zudem üblich, Worte aus der Sprache der Indianer, was in meinem Fall bedeutet, die Sprache der Ogalalla-Sioux zu verwenden. Grundsätzlich liegt eine besondere Kraft darin, wenn die Dinge bei ihrem Namen genannt werden. Letztlich zeugt es auch von der Fähigkeit eine Art Codierung zu verstehen und diese auch bewusst zu verwenden. Meine besondere Liebe galt auch der indianischen Handarbeit und so war es für mich selbstverständlich, meine sonstige Freizeit (jede freie Minute, die ich entbehren konnte) dafür einzusetzen. Mein Tipi (das Tipi, das Indianerzelt, gehört immer der Frau) wurde mit allen nur erdenklichen indianischen Notwendigkeiten angefüllt, die meist in liebevoller Handarbeit durch meine eigenen Hände entstanden sind.

Als Wallace Black Elk, der Sohn von Taka Ushte Black Elk (Autor der Bücher: Die Heilige Pfeife und Ich rufe mein Volk), einmal wieder zu einem Workshop gerufen hatte, war ich im 3. Monat schwanger. Man konnte es mir beim besten Willen noch nicht ansehen und bestimmt war auch niemand in diesem Kreis von mir darüber informiert worden, dass ich ein Kind unter meinem Herzen trage. An diesem Workshop haben damals ungefähr 40 bis 50 Menschen teilgenommen und nachdem die Geschichte der Heiligen Büffelkuhfrau erzählt wurde, deren Inhalt beschreibt, wie die <Heilige Pfeife> zu den Indianern gekommen ist, wurden wir alle eingeladen, draußen in der Natur an einer Pfeifenzeremonie teilzunehmen.

Wir stellten uns im Kreis auf und ich habe bewusst darauf geachtet, wo ich mich hinstelle. Mit einem Blick zum Himmel hab ich versucht, mich zu orientieren. Himmelsrichtungen waren für mich schon immer sehr wichtig und ich wollte auch nicht unbedingt in die Sonne sehen müssen. So hab ich meine Wahl getroffen und mich im Westen quasi angewurzelt. Lame Deer hat seinen Platz in der Mitte eingenommen und auf rituelle Weise die Pfeife vorbereitet und unter Verwendung von Gebeten, die den Himmelsrichtungen gewidmet waren, gestopft und dann entzündet. Nachdem er einige tiefe Züge genommen hatte, zeigte der Rauch, der dabei aufstieg, eine besondere Eigenwilligkeit, denn er wanderte direkt in meine Richtung. Es blieb mir gar nichts anderes übrig, als genau diesen Rauch auch wieder zu atmen. Indianischer Rauch ist heilig und hat mit herkömmlichem Rauchen oder Konsumieren von Tabak nichts zu tun und so war es für mich und auch für mein Baby in mir keinesfalls schädlich, sondern eine Ehre. Dennoch machte ich mir Gedanken, ob die Frauen mitrauchen können, denn auch das war von Fall zu Fall unterschiedlich. Aber Wallace Black Elk hatte ja gesagt, dass alle eingeladen seien, und zudem gebeten, dass jene, die unter dem Mond sind (indianische Umschreibung für die Menstruationszeit der Frau) nicht in den Kreis treten sollen, sondern warten dürfen, bis wir zurückkommen. Dann geschah das vollkommen Unübliche: Wallace Black Elk kam zu mir, gab mir als erstes die Pfeife in meine Hände, dennoch versicherte ich mich nochmals mit einem Blick bei ihm, ob ich nun rauchen dürfe. Er nickte, machte mit seiner Hand eine Geste der Ehre und legte sie dann auf sein Herz. Ich habe vor Aufregung gezittert und konnte nur zwei Züge nehmen, dann hab ich die <Heilige Pfeife> an meinen linken Nebenmann, dem Uhrzeigersinn entsprechend, weitergegeben. Es war ein langes Rauchritual und es wurde sogar Tabak nachgefüllt, was auch nicht immer üblich ist. Dann, als das Ritual sein Ende gefunden hatte, waren wir alle ziemlich durchgefroren (es war Januar), aber durchaus glücklich. Als ich wieder im warmen Gastraum meinen Platz eingenommen hatte, hab ich mir dort erst mal eine heiße Schokolade bestellt. Kaum dass die Bedienung allen Teilnehmern ihre Bestellung gebracht hatte, machte Wallace Black Elk auch schon weiter und er sagte damals in etwa:

„Ich danke allen Anwesenden, es war ein sehr kräftiges Ritual, ihr seid alle gesegnet. Mich hat es besonders gefreut, dass hier Männer und Frauen anwesend waren. Drei Frauen im Kreis tragen ein Kind unter ihrem Herzen und diese Frauen haben die Ehre, ja die heilige Verpflichtung, ihre Kinder spirituell zu erziehen." Was er dann noch gesagt hat, ist nicht mehr bei mir angekommen und ich konnte spüren, wie mein Herz bis zu meinem Hals pochte und meine Knie unter dem Tisch weich wurden, nur gut, dass ich bereits gesessen hatte. Dann schossen plötzlich Tränen aus mir hervor und ich glaube, spätestens jetzt wusste jeder, dass auch ich zu jenen schwangeren Frauen gehörte, den beiden anderen konnte man es ja bereits ansehen, aber mir war klar, hier waren wieder andere Kräfte am Werk. Schnell bekam ich ein Taschentuch zugeschoben und mir wäre es irgendwie recht gewesen, wenn ich dahinter hätte verschwinden können. Als meine Tochter Jessica geboren wurde, war es für mich klar, sie in einer indianischen Babyrückentrage, die über und über mit Perlenstickerei verziert war, zu tragen. Dafür konnte ich aber nicht irgendwelche Perlen und irgendein Muster verwendet, sondern ich habe auch hier, wie bei all meinen indianischen Handarbeiten, Wert auf Authentizität gelegt. Ich habe sehr schnell gelernt, in Mustern zu lesen und diese selbst als Art Botschaft zu verwenden, aber auch um die Muster bzw. Symbole zu lesen, die andere in ihre Arbeit haben einfließen lassen. Bestimmt habe ich über Gaben und Fähigkeiten verfügt, die auch den <echten> Indianern, die ja immer wieder zu Besuch kamen, gefallen haben. Sicherlich war ich in ihren Augen eine sehr gute Squaw. So ergab es sich, dass ich die Hüterin einer <Heiligen Pfeife> wurde. Ein sehr ehrenvolles Amt, das es auch mit sich bringt, dass man relativ oft zu Treffen eingeladen wurde, denn manchmal war es wichtig, dass die <Heilige Pfeife> dabei auch geraucht wurde, aber oft wurde auch nur die Anwesenheit der Pfeife und damit auch die der Hüterin erwünscht.

So geschah es, dass ich eines Tages mitten im sehr kalten Winter zu einer Schwitzhüttenzeremonie von Archie Fire Lame Deer eingeladen wurde, die nicht unweit von meinem damaligen Wohnort im Allgäu stattfand. Aber wie das halt manchmal so ist mit der indianischen Pünktlichkeit, wir haben gewartet und gewartet und es wurde trotz Teilnahme an den Vorbereitungen für das Ritual und gelegenliches wärmen am Feuer dennoch immer kälter und kälter, besonders meiner damals noch sehr kleinen Tochter mit gerade mal 3 Jahren. Ich hab sie gefragt, ob sie wieder nach Hause möchte, und ich hab ihr wirklich die freie Entscheidung gelassen. Wenn sie hätte gehen wollen, dann wären wir gegangen, doch dieses kleine Wesen, das sogar offiziell einen indianischen Zweitnamen als Taufnamen trägt, nämlich Winona, was soviel bedeutet wie die Erstgeborene, wollte absolut warten und natürlich auch teilnehmen, weil sie es bereits kannte. Ich wusste, dass dem nichts im Weg steht, denn Kinder sind bei Indianern immer willkommen. Nur bei wirklich ganz besonderen, ja hochheiligen Anlässen, war es manchmal nicht erwünscht.

Als Archie dann endlich kam, fingen wir sofort an. Schnell standen nur noch mit einem Handtuch bekleidete Menschen im Schnee und sehnten sich wirklich nach der heiligen Wärme. Doch wieder schien es zu dauern, denn Archie begann bereits jetzt schon Gebete zu sprechen und benutzte seinen Federfächer dafür, um unterschiedlich auf uns zu zeigen und so ergab sich eine Reihenfolge, die festlegte, wie wir nun die Schwitzhütte zu betreten hätten. Damit war allen klar, diese Schwitzhütte ist keine herkömmliche Schwitzhütte! Ich spürte sofort die Anwesenheit der <Hochheiligkeit> und bin mit meiner Tochter zusammen in einer tiefen Verbeugung in das Innere der Schwitzhütte, zurück in die <Gebärmutter>, gekrochen. Sobald alle ihren Platz eingenommen hatten, wurde dicht gemacht, d.h. es war dunkel, ja absolut dunkel. Denn wie ich bei den Vorbereitungen gesehen hatte, wurde von außen das Weidengerüst der Schwitzhütte nicht nur mit genügend Wolldecken abgedeckt, sondern auch mit viel Schnee von unten her abgedichtet. Es dauerte einige Minuten, bis sich die Augen an die Dunkelheit gewöhnt hatten, und ich versuchte von einem zum anderen zu blicken, doch mehr als Silhouetten waren nicht zu erkennen. Meine Tochter saß genau zwischen meinen Beinen und ihr Kopf ging mir genau bis unter mein Kinn. Sie kannte das ja schon und später, wenn es dann sehr heiß wird, dann wird sie ihren Platz hinter mir suchen, damit ich sie dann vor der Hitze etwas schützen kann. Aber noch war es kalt und ich wünschte mir, dass die ersten glühenden Steine kämen, damit Archie sie segnen und ihrer Bestimmung zuführen konnte. Bei diesem Gedanken richtete ich meinen Blick in seine Richtung. Dann bin ich erstmal zusammengezuckt, so dass es meine Tochter vor mir auch gespürt hat, und ich musste sie erst mal beruhigend streicheln, bestimmt auch vorbeugend, damit sie nun nicht unnötig weinte. Ich dachte nur, „ich glaub das nicht, was ist das?" Ich versuchte noch einmal genauer hinzusehen und da waren sie wieder! Zwei sehr hell leuchtende Punkte, jeweils ungefähr so groß wie ein Fünfmarkstück und wohl gute 20 cm direkt über dem Kopf von Archie Fire Lame Deer. Ich war mir sofort absolut sicher, seine Geisthelfer zu sehen. Ich hatte keine Ahnung, ob die anderen diese auch sehen konnten, und immer wieder blickte ich hin und sie waren da, bewegten sich sogar synchron mit der Bewegung seines Kopfes. Es ist üblich, in der Runde einige Worte zu sprechen, warum wir hier sind, ob es vielleicht einen speziellen Grund gibt oder Ähnliches. Normalerweise mache ich mir dazu gerne schon ein paar Gedanken, bevor ich an die Reihe komme, aber jetzt spürte ich nur, ich kann gar nicht klar denken. Gut, dann musste es auch reichen, wenn ich nur DANKE dafür sage, dass ich hier bin. Wieder versank ich im Anblick dieser beiden Lichtkugeln als der rechte Nachbar neben mir zu sprechen begann, also gleich war ich an der Reihe, das DANKE war schon in meinem Kopf, doch was kam hervor als ich dran war: „THANK YOU SO MUCH FOR THESE SPIRITS" und dann habe ich noch indianisch gesprochen, was so viel bedeutet wie „Meine Innere Stimme sagt es mir!" Ein raunendes „HOW" von der gesamten Runde war wie eine Art Echo, das gerne verwendet wird, wenn etwas Gewichtiges gesprochen wird. Schnell hab ich wieder hingesehen und irgendwie glaubte ich sogar, die Lichtpunkte haben ein wenig getanzt. Die Schwitzhütte war sehr intensiv, sehr heiß und die ehrwürdigen alte Steine, die in der Mitte der Schwitzhütte in der vorbereiten Kuhle ihren Platz fanden, wurden mit Kräutern, Gebeten und Wasser gesegnet und begannen dann ihre Geschichten zu erzählen oder summten ihr Lied. Nach einer weiteren Runde verkündete Archie sinngemäß folgende Worte: „Dies ist eine besondere Schwitzhütte, eine heilige Schwitzhütte, wie ihr alle schon bemerken konntet, und ich gebe nun allen hier Anwesenden die Erlaubnis, die Autorisation, von nun an selbst Schwitzhütten zu leiten. Ich muss bald wieder zurück in das Land meiner Väter, das über dem großen Teich auf mich wartet. Aber es braucht dennoch Menschen, Menschen wie ihr es seid, die die Rituale weiterführen, doch ich werde wiederkommen und dann werde ich an Schwitzhüten, die unter Eurer Leitung stattfinden, teilnehmen. How!" Ich muss nicht extra sagen, dass sich alle sehr geehrt fühlten.

Die weitere Runde des Schwitzhüttenrituals war dem Dank gewidmet und die letzte Runde dann der Kraft, die uns unterstützen wird, wenn wir im Sinne von Wakan Tanka handeln und wirken. Letztlich kam der Moment, wo sich alle wünschten, wieder wie neu geboren zu werden, um die Schwitzhütte unter dem Augenschein „Aller Verwandten" mit den Worten „Mitakuye Oyasin" zu verlassen und um die Abkühlung im Schnee zu genießen. Vollkommen nackt auf Mutter Erde zu liegen, mit ihr zu atmen und langsam zu spüren, wie die üblichen Sinne wieder im Körper Einzug halten. Doch mit dem kleinen nackten Kind an meiner Seite versuchte ich mich etwas zu beeilen. Kaum hatte ich mich angezogen und unsere Sachen wieder zusammen getragen, da kam Archie zu mir und meinte: „Solche Frauen und solche Kinder braucht dieses Land, Gott segne Dich und Dein Kind." Sehr glücklich bin ich damals mit meiner kleinen Jessica Winona nach Hause gefahren und heute, gute 22 Jahre nach diesem Ereignis, spüre ich diese Kraft noch immer in mir. Inzwischen habe ich an über 80 Schwitzhütten teilgenommen und einige davon auch geleitet, doch momentan ist für mein Wirken anderes vorgesehen, das bedeutet, dass im Moment Anfragen bezüglich Teilnahme oder auch nach Leitung einer Schwitzhütte keinen Sinn machen. Wenn es so weit ist, werde ich es machen, wie die Indianer: Ich werde <rufen>.

DIE SUCHE BEGINNT

Es gibt nichts, was es nicht gibt

Als meine Tochter geboren wurde, wollte ich so viel wie nur möglich das indianische Leben im Einklang mit der Natur leben. Mein Mann und ich gingen zwar unserer geregelten Arbeit nach und dennoch haben wir so oft wie nur möglich realisiert, in verschiedenen Orten in Deutschland im Tipi unter freiem Himmel zu leben. Fast immer waren wir an den Wochenenden und natürlich zur Urlaubszeit, ja sogar selbst im Winter bei Minustemperaturen, als <deutsche Indianer> unterwegs. Noch heute ist in mir der rauchige Geruch aller Gegenstände, die im Tipi verwendet wurden, gegenwärtig und es fühlt sich noch immer wohlig und vertraut an. Aber genau dieses Wohlfühlgefühl war auch Grund einer Wesensveränderung, mit der es dann eines Tages nicht mehr möglich war, meiner Arbeit im Büro nachzugehen, denn das war nun nicht mehr meine Welt. Dann hatte ich die zündende Idee und ich habe begonnen, zu Hause für andere Tipis zu nähen. Die Nachfrage war recht gut und so entstand damals ein kleines Gewerbe, das uns ein gutes Zubrot ermöglichte. Doch in meiner Ehe begann es zu kriseln. Ich hatte zwar ein Kind, aber nur ich. Mein Mann zeigte keinerlei Ambitionen, ein wirkliches Vaterinteresse zu entwickeln. Vielleicht wollte er damals nicht wirklich in die Welt der Erwachsenen eintreten und war sicherlich auch noch zu jung ein Vater zu sein, aber auch das kann ich heute nur vermuten. Aber unser eigentliches Problem war, wie die Indianer es nennen, das <Feuerwasser>. Er liebte es sehr, aber dadurch wurde der Graben zwischen uns immer größer und größer. Einige Male spielte ich mit dem Gedanken, mich zu trennen. Doch dann kam eine Hiobsbotschaft, die mein Leben fast nebensächlich machte. Meine über alles geliebte Mutter hatte erneut Krebs bekommen. Einen Gehirntumor, der sich ähnlich zu erkennen gab wie ein Schlaganfall. Für mich als Tochter war es selbstverständlich, die Mutter zu pflegen, und dafür habe ich sie, wenn sie nicht gerade irgendwie anderweitig in Therapie war, in unsere kleine Familie aufgenommen. Soweit war es ideal, mich um Mutter, Kind und Arbeit zu kümmern, doch die Freizeit oder besser das gewohnte Leben an den Wochenenden musste dadurch kürzer treten. Ich konnte mich erstaunlich schnell damit abfinden, nun einen neuen Mittelpunkt, nämlich meine geliebte Mutter als Pflegefall in meinem Leben zu haben. Für mich zeigte sich, dass sich lediglich die Aktivitäten etwas einschränkten, aber meine <Innere Indianerwelt> wuchs dennoch stetig. Hier konnte ich mir immer wieder die notwendige Stärke holen. Es zeigte sich mir, die wirkliche Kraft kam durch die Verbindung mit Wakan Tanka, Gott oder nennen wir es einfach durch die Schöpfung selbst. Diese Kraft war nicht nur für mich da, sondern auch meiner Mutter konnte ich auf diese Weise noch einige schöne Stunden schenken und besonders gut war es, wenn auch noch meine damals jüngste Schwester mit 13 Jahren in den Schulferien bei uns war. Plötzlich zeigten sich Werte in meinem Leben, die ich vorher nicht gekannt hatte. Sicherlich kann man das als Bewusstseinserweitung bezeichnen und gleichzeitig hatte ich Angst, dies eines Tages wieder zu verlieren. Vielleicht lebte ich damals schon eine Art Erfüllung, aber in meiner Ehe war ich nicht mehr glücklich und der einst geliebte Mensch an meiner Seite wurde mir von Tag zu Tag fremder. So ergab es sich eher durch einen Zufall, dass ich nach gut 7 Jahren aus der Ehe ausgebrochen bin. Eine Wohnung, die ganz in der Nähe der Wohnung meiner Mutter war, wurde frei. So konnte meine Mutter wieder in ihrer gewohnten Umgebung sein und auch meine anderen Geschwister konnten in die Pflege und Betreuung miteinbezogen werden. Mein kleines Geschäft führte ich weiter, ich konnte davon leben, und bald gab es auch wieder einen Mann an meiner Seite. Wenige Wochen nach meinem 25. Geburtstag ist meine Mutter gestorben, unter meinen Händen, wie man gerne zu sagen pflegt. Es war ein sehr guter und kraftvoller Abschied. Kurz vor ihrem Tod habe ich auf dem Balkon der Klinik für sie eine indianische Pfeife geraucht und darum gebeten, ihr einen sanften und würdevollen Abschied zu ermöglichen. Ich habe quasi zu „meinem Wakan Tanka" gebetet, damit Gott meine Mutter aufnimmt. Das war für mich vollkommen selbstverständlich und zeigte keinerlei Widerspruch. Ich hatte dann auch wirklich das Gefühl, meine Mutter bis an der Pforte des Himmels geführt zu haben, und ich stellte mir weiter vor, hinter der Türe warte Gott auf sie. Bestimmt war es für sie auch so. Ich hab ihr versprochen, mich um alles zu kümmern, sie ist damals entspannt, aber mit einem sehr tiefen Seufzer von dieser Welt gegangen.

Erst einige Tage später konnte ich mich selber wieder spüren und merkte, dass ich selbst kaum noch Kraft hatte. Meine Geschwister, bis auf die kleine Alexandra, hatten selbst schon eine eigene Familie. Die Ehe meiner Eltern war schon lange gescheitert und mein Vater versuchte sein Glück ebenso wie ich in einer neuen Beziehung. So fand die Jüngste bei meiner Schwester Barbara ihr neues Zuhause. Das Leben ging weiter, doch es war irgendwie leer. Nicht nur weil meine geliebte Mutter nicht mehr da war, sondern auch weil ich etwas vom Leben wieder zurück haben wollte, was es nicht mehr gab. Ich hatte das Gefühl, nur noch vor mich hin zu vegetieren und so wollte ich wenigstens am Wochenende wieder in meiner Indianerwelt leben. Noch einige Male habe ich so genannte Indianertreffen besucht, doch es war nicht mehr das, was es einst war, und mein damaliger Lebensgefährte wollte auch nicht länger als Wochenend-Indianer an meiner Seite leben. Er versuchte mir zu erklären: „Du kannst noch so viel Indianer sein wollen, aber Du bist keiner und wirst auch niemals einer sein!" Heute weiß ich, es war die Wahrheit, aber damals war es wie ein Schlag ins Gesicht und noch viel mehr, es war auch der Aufschrei meiner Seele: „Was bin ich dann?"

Folglich war es für mich klar, wenn ich nicht weiß, was oder wer ich bin, dann muss ich damit beginnen, dies zu entdecken und zu erforschen. Doch ich konnte nur Leere in mir entdecken. Die Verbindung zu meinem indianischen Glauben war wie gekappt. Dafür machte ich meinen Lebensgefährten verantwortlich und ich habe die Beziehung gelöst. Doch besser wurde es zunächst nicht, bis mir klar wurde: „Du

musst Dich mich mit Deinem <Nichts> auseinandersetzen" und plötzlich erinnerte ich mich an eine alte indianische Tradition. Das Ritual
des Give away, was so viel bedeutet wie, alle Materie von sich zu geben. Die Überlieferung besagt, dass der Indianer all seine Sachen und
Habseligkeiten verschenkt, um vollkommen frei bzw. leer zu werden.
Dann begibt er sich, fast nackt und nur mit einem Messer in der Hand,
ansonsten vollkommen sich selbst überlassen in die Wildnis. Nach
einiger Zeit, wenn er quasi wie neu bzw. geläutert ist, kehrt er zu seinem Stamm zurück und wird dann gemäß dem Brauch mit dem be-
schenkt, was er benötigt, um ein neues Leben zu starten. Für mich war
das nun der nächste Schritt. Ich habe damals meinen kompletten indianischen Hausstand aufgelöst, vom Hornlöffel bis hin zu Tipi und Bison-
fell. Ich habe alles verschenkt und weniges auch verkauft, bis wirklich
fast nichts mehr da war. Meine innere Stimme meinte damals: „Lass
alles los und Du wirst ein neues Leben bekommen." Und mein Verstand
fügte hinzu: „Wenn Du kein Indianer sein kannst, dann wirst Du eben
wieder ein vollkommen normaler Mensch sein." Ich hielt das damals für
eine sehr gute Lösung, mich von allem zu befreien, einschliesslich der
damaligen Partnerschaft.

Meine Tochter befand sich damals kurz vor der Einschulung und von
daher wäre das Nomaden-Indianerleben auch nur noch sehr schwer
realisierbar gewesen, und so wollte ich eben richtig Vernünftig sein
und bin dann wieder einer ganz normalen Tätigkeit in meinem erlernten
Beruf nachgegangen. Meine Tochter war der wichtigste Bestandteil in
meinem Leben, ich wollte ihr ein normales Leben bieten, das stand im
Vordergrund und mein Verstand hämmerte es mir immer und wieder ein
und nur noch manchmal, meist am Abend, wenn meine Tochter dann zu
Bett war, dann war da noch ein wenig Zeit für mich, die ich dahingehend
genutzt habe, in meinen vielen Büchern nach Antworten zu suchen, die
meinem Sein einen Sinn geben sollten. Einige indianische Bücher hatte
ich noch, aber um die machte ich irgendwie einen Bogen, bis ich eines
Tages doch dem erneuten Drang nachgab, mir das Buch „Wie der Hauch
eines Büffels im Winter" aus dem Regal nahm und mich auf das Sofa
legte, um es zu lesen, als etwas Unvorstellbares geschah.

Ich vernahm einen lauten Knall aus der Küche. Sofort hab ich nach dem Rechten gesehen und entdeckt, dass einfach der Topf, im dem noch einige gekochte Kartoffeln waren, vom Herd gefallen war, dabei war er aber nicht gekippt, er stand immer noch mit seinem Inhalt versehen auf dem Boden, als hätte er nur die Ebene gewechselt. Das war mir vollkommen unerklärlich. Ich habe den Topf wieder auf seinen Platz gestellt, dann den Herd selbst begutachtet, aber es gab keine Hinweise auf irgendwelche Gründe, warum sich der Topf hätte verselbständigen können. Dann kam der nächste Knall, der mich zusammenzucken ließ und der eindeutig aus dem Wohnzimmer kam. Tief erschrocken hab ich mich nun etwas vorsichtiger durch meine Wohnung bewegt und sah schon vom Flur aus, dass einige Bücher auf dem Boden lagen, einfach aus dem Regal gefallen. Ich dachte nur: „Wenn ich es nicht selbst sehen würde, dann könnte das der Beginn eines schlechten Filmes sein." Ich hab die Bücher wieder an ihren Platz gestellt. In meiner inneren Unruhe habe ich dann nach meiner Tochter gesehen, sie schlief tief und fest, also kein Grund für irgendwelche Panik. Ich hab mich wieder auf mein Sofa gelegt, mich am Buch festgehalten und mir eingeredet, es sei alles in Ordnung. Dann meinte ich doch, es wäre gut zur Toilette zu gehen, und auf dem Weg dorthin lagen wieder Bücher auf dem Boden, aber ich war mir sicher, keinesfalls etwas gehört zu haben. Nach dem Toilettengang hab ich mich entschlossen, mich nun ins Bett zu meiner Tochter zu legen, jedoch mit meiner Kleidung. Ich habe dann noch etwas gelauscht, aber ich konnte nur den regelmäßigen Atem meiner Tochter wahrnehmen und das war es letztlich, was mich beruhigt hat, um meinen Schlaf zu finden. Am nächsten Morgen fand sich nichts mehr vor, was eventuell nicht dort war, wo es hingehörte. Mir waren ja einige Dinge schon bekannt und ich hatte auch schon mal erlebt, wie bei einem Schamanentreffen damals aus mir ebenfalls vollkommen unerklärlichen Gründen kleine Täschchen durch die Luft geflogen sind. Mein Verstand meinte dazu: „Eben Schamanen können das, aber das kann nichts mit mir zu tun haben!" Aber selbst, wenn es ein Kobold gewesen wäre, ich wollte nicht unbedingt mit ihm leben.

Als meine Tochter dann zum Schulbus gegangen war, da war ich mit mir und meinen Zweifeln wieder alleine: „Warum nur kann mein Leben nicht vollkommen normal sein?" und mit diesen Gedanken habe ich dann das Haus verlassen. Aber sofort war das Gefühl da, unter Beobachtung zu stehen und verfolgt zu werden. Das ließ mich ein wenig schneller gehen als gewohnt, aber dann hatte ich schon bald die Gedanken bei der Arbeit.

Während meiner Arbeit ereigneten sich keine sonderbaren Dinge. Aber als ich auf dem Weg nach Hause war, hatte ich wieder das Gefühl: Hier stimmt etwas nicht. Da kamen mir die Worte meiner Mutter in den Sinn, die mich einst einmal davor gewarnt hatte: „Falls Dich in der Stadt mal ein fremder Mann verfolgten sollte, dann lauf einfach in Richtung Polizeiwache." Natürlich bin ich nicht dorthin gelaufen, aber mein Weg führte mich zum Friedhof ans Grab meiner Mutter. Dort betete ich seit langer Zeit mal wieder sehr intensiv und als ich dann den Heimweg fortsetzte, da waren alle fremden Energien weg und mir ging es wieder besser. Dann war Wochenende und ich wollte im wahrsten Sinne des Wortes mal wieder raus und so hab ich arrangiert, dass meine Tochter bei ihrem Großvater übernachten konnte. Ich bin dann wirklich ausgegangen und habe zufällig jemanden kennen gelernt, der mir erzählt hat, er würde bald seinen Reikilehrer machen und er würde auch etwas ungewöhnliche Vorträge über Reinkarnation und ähnliche Themen besuchen. Ich wusste genau, der wurde mir geschickt, und so nahm ich all meinen Mut zusammen und hab ihm von den sonderbaren Dingen erzählt. Er meinte nur, als wäre es vollkommen selbstverständlich, ob ich mich schon mal mit dem Thema Fremdbesetzungen oder Seelenanhaftungen beschäftigt hätte, aber es gäbe auch tatsächlich so etwas wie Poltergeister und wirklich geholfen hat sicherlich das Gebet, aber vielleicht auch der Gang zum Friedhof, denn dort fühlen sich die Seelen wohl. Es klang dennoch irgendwie verwirrt und mir war nicht ganz klar, was er mir wirklich mitteilen wollte, denn genau in diesen „schlechten Film" wollte ich eigentlich nicht hinein. Ich erzählte ihm dann von meinen Begegnungen mit den Schamanen, aber auch dass ich momentan dazu keinen Kontakt mehr hätte. Er meinte nur, ganz in der Nähe von meiner Wohnung würde ein Ehepaar leben, das sich u.a. um Fremdbesetzungen kümmere, und er könnte, wenn ich das wollte, für mich den Kontakt herstellen bzw. mir Telefonnummer und Adresse geben. Daraufhin verabredeten wir uns für den nächsten Tag.

Ich bin dann mit den besten Aussichten und in großer Hoffnung wieder nach Hause gegangen. Aber um gleich zu Bett zu gehen, dafür war ich dann doch zu aufgedreht. Also legte ich mich auf das Sofa und machte noch mal den Fernseher an. Plötzlich tauchten irgendwelche Lichtspiegelungen auf der Terrassentüre auf. Recht seltsam und ich versuchte mich dahingehend zu beruhigen, mir einzureden, es wären irgendwelche Scheinwerferlichter von Autos. Doch es wiederholte sich und mir wurde es erneut sehr unheimlich. Es war ein Gefühl zwischen Angst und Neugier und so nahm ich die Glastür genauer in mein Visier. Nach einigen Augenblicken neigte sich das Glas der Türe bauchartig in den Raum hinein und eine schreckliche Fratze erschien dahinter. Nein, ich hatte bestimmt nicht zu tief ins Glas geschaut und ich habe auch in meinem ganzen Leben noch nie Drogen genommen, aber ich denke, so ähnlich muss das bei einem Trip sein. Fluchtartig wollte ich den Raum verlassen, aber irgendwie konnte ich mich nicht rühren, sondern nur wegschauen. Als ich wieder zur Tür blickte, war alles wieder vollkommen normal. Alles sehr seltsam und ich sagte zu mir selbst: „Du kannst niemanden davon erzählen, die sperren Dich doch weg!" Also redete ich mir ein, es sei nur ein Traum. Dennoch hab ich eine Kerze angemacht und ich habe begonnen zu beten, denn da war ich mir sicher, das würde bestimmt helfen. Später bin ich dann zu Bett gegangen, wieder vollkommen bekleidet. Ich habe dann sehr lange geschlafen und mich bis zur Verabredung hin noch mit Hausarbeit abgelenkt. Aber jeder Blick zur Terrassentüre war eine Herausforderung. Für das bevorstehende Treffen hatte ich mir vorgenommen, nichts von dieser Begegnung zu erzählen, aber als mein neuer Bekannter mir einen Zettel mit Adresse reichte, auf dem auch noch Medium stand, da war es um mich geschehen und es sprudelte nur so aus mir heraus. Nun sah mich mein Bekannter mit großen Augen an und meinte nur: „Du solltest sofort anrufen, sag, dass Du mich kennst und dass es wirklich dringend ist!" Ich hab mich bedankt, schnell noch meinen Kaffee getrunken und bin gleich wieder nach Hause, um zu telefonieren. Wie das so ist, wenn etwas sein soll, ich hab sofort einen Termin in den Abendstunden bekommen.

Inzwischen ist das fast 20 Jahre her und noch immer ist es gegenwärtig, als sei es gestern gewesen. Natürlich ist es schwierig, solch eine Sitzung wiederzugeben, deshalb nur eine kleine Kurzfassung. Das Ehepaar wusste außer meinem Namen nichts von mir. Ich wurde darüber aufgeklärt, dass ich in früheren Leben mehrere Inkarnationen als Indianer gehabt hätte. Einmal wäre ich auch vom Stamm verstoßen worden und dabei hätte ich Rache geschworen und ich wäre auch Schuld am Tod von anderen gewesen und genau diese drei Seelen wären jetzt wieder da. Ihnen hat es gefallen, an meinem Leben als Indianer teilzunehmen, um sich von diesen Energien zu ernähren. Nur als ich begonnen habe, mich wieder davon zu distanzieren, da sind sie wütend geworden und sie haben tatsächlich gepoltert. Es war nicht möglich, sie einfach nur wegzuschicken und erst als sie durch das Medium (die Frau) sprechen konnten, konnte ich wieder eine tiefe Liebe in mir und zu ihnen entdecken. Heute bin ich mir sicher, ohne die Aktivierung dieser Liebe wäre damals eine Befreiung nicht möglich gewesen und vielleicht hätte mein Weg doch in eine geschlossene Anstalt geführt. Dennoch, die weitere Ablösung gestaltete sich eher hartnäckig und erst als der „Heiler", also der Mann, sich meiner <Zeitschiene> widmete und feststellte, ich würde gar nicht wirklich in der Gegenwart leben, sondern immer noch irgendwo in 1870. Daraufhin löste er eine Art von Blockade an meiner Wirbelsäule und schaffte dann eine neue Verankerung im HIER und JETZT, erst da konnten die drei Seelen davon überzeugt werden, dass es besser wäre, zu gehen und mich nun zu lassen.

Ich wurde von dem medialen Ehepaar mit den Worten verabschiedet, mich bitte sofort zu melden, falls wieder so etwas geschehen würde, oder auch nur, wenn ich das Gefühl hätte, es wäre wieder etwas da.

In der Nacht hatte ich noch einen seltsamen Traum: Ich musste einen Koffer packen und dabei musste ich mich über jedes einzelne Kleidungsstück beugen, um es unter mir mit einem Gebet <Vater Unser> sozusagen freizubeten, bevor ich es in den Koffer hineingeben konnte. Ich glaube, der Traum hat die ganze Nacht gedauert. Diese Anhaftungen sind seit dieser Zeit nie wieder gekommen, doch sie waren dafür ausschlaggebend, dass ich mich von nun an wieder mit Dingen beschäftigt habe, die sozusagen nicht von dieser Welt waren. Inzwischen habe ich gelernt, mit Dingen umzugehen, die andere nicht sehen können. Andere Begleiter, wie Krafttiere, Engelwesen und Geisthelfer, sind an meine Seite getreten, aber das ist vielleicht eine Geschichte in meinem nächsten Buch.

Dieser Weg war für mich eine Vorbereitung, um auf die indianische Basis das Wissen der Maya obenauf zu setzen.

BEGEGNUNG MIT HUNAB K'U

Die Vereinigung von Adler und Kondor in mir

Es gibt Erinnerungen, die sind prinzipiell keine, denn der Augenblick der geschehenen Faszination ist immer noch gegenwärtig.

Es war im August 1997 an einem Spätnachmittag, als ich mich auf der Donauinsel in Wien zu einem Treffen eingefunden hatte, welches sich Discover Live nannte, also entdecke Dein Leben. Verschiedene unglaublich interessante Menschen aus allen möglichen spirituellen Strömungen waren zusammengekommen. Die Tagungs- und Vortragsräume waren in 2 Schulschiffen untergebracht und ständig fanden Vorträge und Präsentationen über alternative Heilweisen, besondere Therapieformen und Produkte statt, die ansonsten auf der ganzen Welt verteilt waren. Abgerundet wurde das Ganze durch zahlreiche Workshopangebote von Yoga bis hin zu Tanz und Kindertheater.

Sicherlich mag jetzt der Eindruck entstehen, dass es sich hierbei um eine der herkömmlichen Esoterikmessen gehandelt hat, aber genau das war es nicht. Es gab keine aneinander gereihten Messestände und auch keine Spur der üblichen „Kauf-mich"-Atmosphäre war vorhanden. Es gab einfach nur eine Menge von interessanten Menschen, die sich mitteilten, über ihr Leben, ihre Arbeit, ihre Berufung, ihre Visionen. Da wurde mir bewusst, das sind Menschen der Neuen Zeit. Menschen, die beitragen werden, die Zukunft zu verändern. Gleichzeitig bemerkte ich in mir ein unglaublich starkes Gefühl des Vertrautseins (obwohl ich fast

34

wirklich niemanden kannte) und der tiefen Dankbarkeit, einfach nur weil ich hier sein konnte.

Genau in diesem Moment vernahm ich die Stimme von Dorothea, die mich fragte: „Hallo meine Liebe, magst Du mitgehen zur Sonnenuntergangsmeditation? Die findet unten an der kleinen Sandbank am Donauufer statt." Ich drehte mich zu ihr hin und schaute dabei in ihre Augen, die einen Glanz und ein Blitzen zeigten, welches mir vorher noch nie aufgefallen war. Da war es wieder, das Gefühl, etwas Neuem zu begegnen, was ich dennoch schon kannte. Im ersten Moment konnte ich nur freudig strahlend mit dem Kopf nicken und dann noch ein zaghaftes „Ja" hinterher schicken. Aber dann schlug mein Verstand Kapriolen. Gleichzeitig entstanden Fragen in mir, Gedanken und Bilder formten sich und schossen durch meinen Kopf und die Stimme in mir meldete sich: „Du hast JA gesagt, willst Du das wirklich? Du hast gar nicht darüber nachgedacht, wie kann das sein, wo bist Du überhaupt, was machst Du hier? Meditieren? Hoffentlich nicht mit lange Still-sitzen-müssen!" Sofort tauchte ein Bild in mir auf, von Zen-Mönchen, die auf ihren Matten saßen, in akkurater Haltung und das gleich in mehreren Reihen hintereinander. Die Stimme meinte wieder: „Die dürfen sich nicht bewegen, nicht mal wenn eine Fliege auf ihnen herumkrabbelt. Meditieren sie dann noch wirklich oder konzentrieren sie sich nur noch darauf, es einfach aushalten zu müssen, sich nicht bewegen zu dürfen."

Doch dann hörte ich mich laut sprechen: „Dorothea, muss ich etwas mitbringen, wann muss ich da sein, muss ich mich vorbereiten? Kann ich meine Tochter mitbringen oder soll ich schauen, dass jemand in der Zeit auf sie aufpasst?" Erneut kam dieses Blitzen aus den Augen von Dorothea und sie sagte nur: „Du musst nicht müssen, sei einfach gegen 20.30 Uhr da. Ich glaube zudem, dass es gut wäre, Du fragst einfach Deine Tochter selbst, was sie will. Wenn sie dabei sein mag, dann bring sie mit." Nun kam eine große Vorfreude in mir auf und ich sah mich nach meiner Tochter um, die gerade bei einem Workshop war, bei dem es darum ging, hawaiianische Blumenketten zu binden. Ich setzte mich erstmal neben sie und schon hatte ich selbst eine Blumenkette um meinen

Hals. Die Älteste der angereisten Hawaii-Delegation, die <TuTu> heißt, stand hinter mir und begrüßte mich mit: „Aloha". Ich stand wieder auf und begrüßte sie ebenfalls mit „Aloha" und dann sprach sie in klarem Englisch etwa diese Worte zu mir: „Du hast so eine zauberhafte Tochter, ich mag sie sehr gerne, falls ihr einmal nach Hawaii kommt, dann solltet ihr mich und meine Tochter Lahe'ena'e besuchen kommen und wenn ihr wollt, dann könnt ihr auch eine Weile bei mir wohnen." Total erstaunt und in unglaublicher Dankbarkeit nahm ich diese Einladung an, sehr herzlich habe ich TuTu umarmt, aber wohl wissend, dass dies nicht so schnell sein kann. Inzwischen hatte meine Tochter ihre Blumenkette fertig und hielt sie mir unter die Nase, sie war wirklich sehr schön geworden und ich hab sie ihr dann um den Hals gelegt, ebenfalls mit einem „Aloha", und dann hab ich ihr erstmal erklärt welche Ehre uns eben zu teil wurde. Sie nahm das mit einer vollkommenen Selbstverständlichkeit hin und meinte nur, dass es dann wohl gut wäre, vorher ein wenig die hawaiianische Sprache zu lernen, und damit könnten wir gleich morgen beginnen, denn das wäre das Workshop-Angebot vom nächsten Tag. Ich hab ihr versichert, dass wir das machen werden, und nutzte auch gleich die Gelegenheit, ihr zu erklären, dass ich nun auch einen Wunsch hätte, eben an der Sonnenuntergangsmeditation teilzunehmen, und wenn sie möchte, könnte sie auch dabei sein. Sie meinte nur: „Gut, ich bin dabei, aber still sein reicht auch aus." Dann haben wir uns sehr herzlich von TuTu verabschiedet und sind noch etwas Essen gegangen. Die Zeit bis zur Verabredung verging sehr schnell. Heute kann ich nicht mehr sagen, wie viele Menschen wir damals waren, vielleicht so um die 10 Personen, die damals an der kleinen Sandbank standen und über das Wasser der Donau blickten in die sich langsam sinkende Sonne hinein. Dorothea stand ca. 2 m links von mir, so dass ich sie gerade noch aus meinem Augenwinkel heraus wahrnehmen konnte. Sie breitete ihre Arme aus, die Handflächen nach oben. Wie ich erst später erfahren durfte, sprach sie leise, dennoch für alle hörbar <Das Gebet der Sieben Galaktischen Richtungen>. Felsenfest stand sie da, nur ihre Lippen bewegten sich und ihre Augen schauten intensiv in die sich nun langsam verfärbende Sonne. Ich hörte die Worte und war gleichzeitig diese Worte.

Gebet
der sieben galaktischen Richtungen

Vom östlichen Haus des Lichts
erleuchtet uns Weisheit,
so können wir alle Dinge in Klarheit sehen.

Vom nördlichen Haus der Nacht
reift die Weisheit in uns,
so können wir alles von Innen her wissen.

Vom westlichen Haus der Transformation
wird Weisheit verwandelt in rechtes Handeln,
so können wir tun, was getan werden soll.

Vom südlichen Haus der ewigen Sonne
lässt rechtes Handels die Ernte reifen,
so können wir die Früchte unseres planetarischen Seins
genießen.

Vom Haus des Himmels über uns,
wo Sternenwesen und unsere Vorfahren
sich vereinen,
kommt jetzt ihr Segen zu uns.

❋　❋　❋

Vom Haus der Erde unter uns
segnet uns der Herzschlag des kristallenen Herzens
mit Harmonie, so kann aller Streit beendet werden.

Vom Zentrum der Galaktischen Quelle,
die überall gleichzeitig ist,
erkennen wir das Licht der gegenseitigen Liebe.

AH YUM HUNAB KU EVAM MAYA E MA HO !
AH YUM HUNAB KU EVAM MAYA E MA HO !
AH YUM HUNAB KU EVAM MAYA E MA HO !

ES IST

Dorothea behielt ihre Augen auf und ihr Gesicht war vollkommen entspannt, so sah sie aus wie ein kleines Mädchen. Ich wollte es ihr gleich tun und versuchte locker zu werden, dabei bemerkte ich, dass ich nun in der Lage war, mich zu entdecken, mich zu spüren. Durch meine Sandalen hindurch spürte ich den noch immer warmen Sand unter meinen Füßen. Die Strahlen der Sonne waren immer noch kräftig. Als eine Wolke die Sonne leicht verdeckte, war dies sofort auf der Haut meiner Arme und im Gesicht zu spüren, sogleich wurde es ein wenig kühler. Ich fixierte mit meinem Blick die Sonne und bemerkte, wie mein Atem ruhiger wurde und mit jedem Atemzug das goldene Sonnenlicht in mich einströmte. Wie ein Magnet zog die Sonne mich an. Atemzug für Atemzug entstand ein Band, ja ein Bündnis zwischen uns.

Ich war in der Lage, vollkommen direkt in die Sonne zu schauen und das Pulsieren in und um sie herum zu spüren. Das Pulsieren der Sonne war gleichzeitig mein Pulsschlag. Mit jedem Zwinkern meiner Augen wurde der Kontakt intensiver. Langsam sank die Sonne nieder und in mir loderte die Sehnsucht: „Bitte geh nicht, bleib da, lass mich mit Dir Eins sein!"

Genau in diesem Moment geschah, dass ich in die Sonne eintauchen konnte. Tausende Formen und Farben tanzten um mich herum. Mit überdimensionaler Geschwindigkeit sauste ich durch die Sonne hindurch, um in der nächsten Millisekunde wieder in einer anderen Sonne einzutauchen. Langsam kippte ich nach vorne und leicht stellte sich irgendwie ein Schwindelgefühl ein. Ich hörte mich tief einatmen, was meinen Stand stabilisierte. Aus dem Schwindel wurde ein Gefühl der Behaglichkeit und dennoch tauchte die Frage auf: „Wo bin ich?" Eine Stimme gab die Antwort: „Das ist die Energie hinter der Sonne, hinter der Sonne, hinter der Sonne...". Und noch im Klang dieser Worte katapultierte es mich aus der Sonne heraus und viel schneller als ein Augenblick lang ist in die nächste Sonne hinein. Das absolut wohlige Gefühl wurde tiefer und wärmer und wie in Wellen, die von meinem Herz ausgingen, breitete sich diese Energie in mir aus, wobei das Pulsieren und Vibrieren fast an der Grenze war, es auszuhalten zu können. Erfüllt bis in die letzte Faser meines Seins wurde mir gegenwärtig bewusst:

„ICH BIN EINS, mit der Sonne, dem Licht, der Energie,
JA, GOTT ist in mir"

Mein Atem regulierte sich langsam und wie von selbst tauchten die Worte zum Atemrhythmus in mir auf und ich atmete ein: „ICH BIN" und ich atmete aus: „EINS" immer und immer wieder „ICH BIN ... EINS" und alles geschah wie von selbst. Erst die Regung meiner Haut, die nun auf die tatsächlich entstehende Kühle reagierte, ließ mich die Sonne, die wirklich vor mir stand, wieder wahrnehmen. Inzwischen war sie fast vom Horizont verschwunden und versank, dennoch recht hoch stehend hinter einem dicken blau-grauen Wolkenband. Noch immer konnte ich meinen Blick nicht lösen und ich fixierte die Sonne noch einmal sehr intensiv, was dafür sorgte, dass ich mich wieder langsam selbst spürte, und ich wusste, die Sonne, sie kann nicht bleiben. Dann tauchte die Sonne unter und ich wieder vollkommen in mich hinein. Erst jetzt spürte ich die Tränen über meine Wangen laufen und mir war klar, solche Intensivität hatte ich vorher noch nie gespürt.

Ich war vollkommen erfüllt von einer umfassenden und durchdringenden Liebesglut und ich hatte dabei gleichzeitig ein wenig Angst, dieses Gefühl würde aufhören, sobald ich meinen Blick vom Himmel wenden würde. Da blitzte erneut das Licht der untergehenden Sonne auf, obwohl sie nicht mehr zu sehen war und in diesem Moment war ich mir vollkommen sicher, dies war die Begegnung mit Gott und die Stimme in mir sprach: „Festhalten kannst Du diese Begegnung nicht, aber immer wieder wird dieses Gefühl in Dir aufblitzen und Dich erfüllen, wisse immer, Du bist EINS!"

Immer noch erfüllt von der Gnade, dies spüren zu dürfen, spürte ich wie Dorothea mir ganz sanft an die Schulter tippte. Ich drehte mich zu ihr hin und musste sie einfach nur umarmen. „Danke, vielen vielen

Dank, Danke!" Dorothea hielt mich sehr fest und meinte nur: Danke nicht mir,

Danke der Schöpfung,

Danke Gott,

Danke HUNAB K'U.

Dieses Erlebnis ist noch immer in mir lebendig, als wäre es erst gestern gewesen, und noch viele ähnliche Erfahrungen konnte ich von da an erleben. Momente des absoluten Friedens und der Geborgenheit gepaart mit dem Wissen der Einheit, dass Gott stets in mir gegenwärtig ist.

Vielleicht wäre diese Begegnung ohne meine erlebte Vorgeschichte nicht möglich gewesen oder es hätte sich anders ereignet, aber heute weiß ich, dass damals auch Folgendes geschehen ist. Das alte indianische Wissen, das ebenfalls ein Teil von mir ist und das durch die Verbindung zum Adler, dem König der Lüfte, darstellt wird, sowie das Maya-Wissen, das durch die Verbindung zum Kondor, dem König der Anden, dargestellt wird, haben in diesem Moment damals in mir zueinander gefunden. Mir ist damit vollkommen klar, dass ich das Bewusstsein der Vereinigung von Adler und Kondor seit dieser Zeit in mir trage.

DIE EINHEIT VON WISSENSCHAFT UND NATUR OFFENBART SICH IN EINEM MOMENT PLÖTZLICHER ERLEUCHTUNG

Kurz nach der Zeit auf der Donauinsel, in der ich dem Maya-Wissen in erster für mich lebendiger Form begegnet bin, wusste ich aus den tiefsten Tiefen meines Unterbewussten heraus, dass mir das bereits alles sehr vertraut war. Ich habe deshalb meinen logischen Verstand bemüht und ziemlich alles Wissen, was ich zu diesem Thema bekommen konnte, rational aufgesaugt. Aber genau das war es, was mich sehr schnell an Grenzen stoßen ließ. Es ging nicht darum, nur Wissen anzuhäufen, denn es drängte mich auch in die Umsetzung. Meine ersten Schritte bestanden darin, die Zeitzyklen plastisch auf einem sehr großen Stück Papier darzustellen. Reinste Zeitmosaike habe ich mit winzigen Papierschnippseln in fast unendlicher Geduld aufgeklebt. Doch ich konnte immer noch nicht rechnen – und das ich als Zahlenmensch! Eines Abends war ich dem Verzweifeln nahe und wirklich kurz davor wieder alles aufzugeben gleich dem Motto, die Absicht war gut, aber der Versuch ist gescheitert. Als ich zu Bett gehen wollte, führte mich mein Weg nicht nur ins Badezimmer, sondern erneut in mein Wohnzimmer, um wieder vor meinem Dimensionsplakat der Zeit zu stehen. Da geschah etwas Unvorstellbares. Plötzlich begannen sich die dargestellten Zeitkreise vor meinen Augen zu drehen. Dieses Erlebnis war buchstäblich umwerfend, nun auf dem Boden sitzend habe ich verstanden:

Das Maya-Zeit-Wissen kann kein linear logisches Denken sein, sondern es sind stets Kreise, die konzentrisch verlaufen und sich wie in einer Art Wiederholung ähnlich dem Gewinde einer Schraube immerwährend fortsetzen: Klingt kompliziert, ist aber einfach. Zeit kann nicht nur ein Zeitstrahl oder eine gedachte Linie sein, sondern **Zeit ist eine Spirale**. Dieses Ereignis, das mir da widerfahren ist, setze ich mit einer Erleuchtung gleich. Es war der Moment der Wiedererinnerung und die Basis dafür, nun von innen heraus mit dem Maya-Wissen bzw. dem Wissen aus dem **Ursprung** heraus in Resonanz zu treten, das sich aber erst durch das **EINS**werden entfalten oder zeigen kann.

Die Anerkennung der Existenz einer großen universellen Zivilisation in dunkler Vorzeit und des hoch entwickelten wissenschaftlichen und magischen Codes, auf dem diese aufgebaut war, führt unweigerlich zur Frage nach ihrem Ursprung, wie sie sich über die ganze Erde ausgebreitet hat und warum sie schließlich verfiel und verschwand. Solche Fragen sind mindestens seit der Zeit Platons, der den Ursprung der Kultur dem Erscheinen von Göttern oder gottähnlichen Individuen, mit anderen Worten dem geheimnisvollen Prinzip der Offenbarung, zuschrieb, immer wieder – vergeblich – gefragt worden und nicht nur im Zusammenhang mit dem Volk der Maya. Die Existenz von ähnlichen oder identischen Zügen in den Kosmologien, Mythen, Namen, Zeremonien, Aktefakten und selbst Maßeinheiten solcher weit auseinander liegenden Länder wie China, Ägypten, Großbritannien und Amerika legt den Schluss nahe, das ihre Kulturen einem gemeinsamen Ursprung in einer größeren Tradition haben müssten, von der jede bestimmte Relikte bewahrt hat. Die Frucht ihrer Vereinigung war jener Geist, den die Alchemisten in ihrer Fachsprache den belebten Mercurius, den Träger der Fruchtbarkeit, Offenbarer des Wissens und Führer zwischen Leben und Tod nannten. Ein Teil von ihm repräsentiert den Geist der lebendigen Erde, der andere den Philosophen, der in den Einweihungskammern der Pyramiden wohnt. Eine akademische Modetorheit des letzten Jahrhunderts war es, lediglich immer wieder nach dem Ursprung zu suchen und nicht nach der Einheit. So lag die Beschäftigung darin, diesen Ursprung in Indien, Babylon oder in sonst einem Mutterboden zu lokalisieren, wobei Ägypten am populärsten war.

Nun ist aber schon öfters bemerkt worden, dass die Große Pyramide in Ägypten offensichtlich keine ausschließlich einheimisch ägyptische Konstruktion ist, genauso wenig wie die frühesten und perfektesten Tempel der Maya in Mexiko. Die Pyramide zeigt vielmehr den Bezug zur Geographie der Erde auf, womit anzeigt wird, dass diese Art der Bauweise zu einem weltweiten System einer vergessenen Vergangenheit gehört haben muss.

Immer wieder verfolgten Forscher, ausgehend von ihrer späten Verfallzeit, alte Zivilisationen zu ihren hoch stehenden Ursprüngen zurück – doch immer endet die Fährte ohne die geringste Spur von irgendeiner vorhergehenden Periode kultureller Entwicklung. Das große Rätsel auf der Suche nach den Ursprüngen menschlicher Kultur ist, dass Zivilisationen auf der Höhe ihrer Entwicklung ganz plötzlich auftauchen, wie fertig entwickelt und manche auch ebenso plötzlich und unerklärlich wieder verschwinden.

Es gibt Leute, die glauben, dass die Menschen auf der Erde in einer früheren Zeit einmal Kontakt mit Außerirdischen hatten und dass sie von ihnen ihr erstes Wissen über das Universum und die zivilisatorischen Fertigkeiten bekommen hätten. Das ist eine sehr alte Idee, die weder besonders absurd noch unwahrscheinlich ist. Raumfahrt kann sehr wohl in der Vergangenheit stattgefunden haben. Die meisten Erfinder geben zu, dass ihre größten Entdeckungen nicht durch einen logischen Prozess zustande gekommen sind, sondern sich in ihrem Geist alles zu einem zusammenhängenden Ganzen fügte. Die Forschungen von C.G. Jung haben die Existenz eines verborgenen Speichers in unserem Geist bestätigt, aus dem nie zuvor geschaute Traumbilder und bisher unbekannte Fakten ins Bewusstsein steigen und zu einem Teil unseres geistigen Rüstzeugs werden können. Er zitiert mehrere Fälle von entscheidenden Entdeckungen, die ihren Ursprung in einer plötzlichen Offenbarung aus dem Unbewussten haben. Die Mythen über die menschliche Erleuchtung sprechen überall von derselben Quelle. Die Ur-Inspiration wird in jeder Generation erneuert. Kepler erhielt den Schlüssel zur Mechanik des Planetensystems in einem einzigen

Moment, während er vor einer Wandtafel stand. Von diesem Moment an lernte er nichts Neues. Die Erfahrung einer Vision führt zur Suche nach Mitteln des Ausdrucks und schenkt dabei die Erfahrung, lediglich erkannt zu haben, was schon immer da war. Tausende von Jahren, bevor Kepler die Mechanik des Universums durch die Verwendung der fünf perfekten (platonischen) Körper erklärte, war bereits ein System dreidimensionaler Geometrie entwickelt worden, mit dem jede mögliche Form von Wachstum dargestellt werden konnte. Die hauptsächlich kosmischen Intervalle und Zahlen sowie die Zahlenverhältnisse, die die Muster des Lebens bestimmen, wurden mit Hilfe von numerologischen Kombinationen aufeinander bezogen. In den kristallenen Strukturen dieser Figuren war das Schema des Universums gespeichert.

Die Entdeckung bestimmter numerischer Muster hinter dem Wachstumsprozess führt dazu, Einsichten in das universelle System zu gewinnen, die sowohl durch Überlegungen als auch direkt durch die Sinne überprüft werden können, weil sie innerhalb des Wahrnehmungsbereiches der menschlichen Sinne liegen. Für die innerste (philosophische) Wahrheit, die aus der Synthese von Wissenschaft und Natur besteht, ist jedoch der geschärfte Wahrnehmungszustand eine Voraussetzung und läuft auf eine höhere Dimension des Sehens hinaus. Aus Überlieferungen von früheren Tagen ist bekannt, dass dies nicht nur Priestern und Anführern als einzigen vorbehalten war, sondern für jeden sichtbar war. Damals müssen die Menschen gewisse Fähigkeiten besessen haben, die in uns heute zum größten Teil brachliegen. Es muss eine Zeit gegeben haben, bei der es zu jenen Strömungen gekommen ist, die den Verlust des Kontaktes mit dem früheren Geist oder, wie es gerne nenne, DIE KOSMISCHE ORDNUNG mit sich geführt hat.

Diese Mythen geben auch Hinweise auf Enthüllungen, die zeigen, dass das innere Wissen sich in der Übereinstimmung offenbart hat.

Gewaltige Katastrophen menschlichen oder natürlichen Ursprungs (Sintflut, Untergang von Atlantis, Meteoriteneinschläge usw.) mögen oftmals die Ursache dieses Zerfalls gewesen sein. Die isolierten Gruppen von Überlebenden, die über die ganze Welt verstreut waren, vergaßen ihre frühere Einheit und die hoch entwickelte Wissenschaft ihrer Vorfahren, fielen in immer tiefere Unwissenheit und wurden zusehends zum Spielball rivalisierender Idealisten. Letztlich hat das dazu geführt, dass sich ein gewaltiges, fest etabliertes Interesse an der Unterdrückung der Wahrheit über die Vergangenheit entwickelt hat, dem wir alle in einem gewissen Maß unbewusst verpflichtet sind. Noch bis vor kurzer Zeit war diese Unterdrückung wie die klerikale Verfolgung der mittelalterlichen Wissenschaftler aktiv. Heute allerdings, da dies – nennen wir es einfach die alte Tradition der Kirche – inaktiv ist, sind die Gründe für ihre Unterdrückung selbst in Vergangenheit geraten. Aber die Einstellung ist geblieben. Noch immer ist die Barriere existent, die uns daran hindert, die Geschichte von einer umfassenden zeitlichen Perspektive aus zu betrachten. Es ist scheinbar einfacher, die Theorien von Zersplitterung und Zerstörung hochzuhalten, als die Energie zu nähren, die die Einheit von Kunst und Wissenschaft belebt. Verschiedene spirituelle Lebensgemeinschaften und Gruppen konnten es bereits erfahren, die wahre Erkenntnis liegt darin, durch das EINSwerden wieder in den Ursprung des Wissens einzutauchen.

DER GALAKTISCHE CODE

2012 oder die Botschaft der Zeit in Zyklen und Schwingung

Wir leben in einer sehr interessanten Zeit. Aus der Maya-Perspektive betrachtet ebenso wie aus vielen anderen Blickwinkeln gesehen. Dies ist die Zeit der Prophezeiung. Fast jeder hat von dem Datum 2012 gehört. Die meisten Leute hören dieses Datum und sagen: „Mhm, ist das nicht das Datum, an dem der Maya-Kalender endet?" Das ist die Standardantwort. Der Maya-Kalender endet nicht 2012. Der Maya-Kalender basiert auf Zyklen innerhalb von Zyklen. 2012 endet ein großer Zyklus. Aus dem einen oder anderen Grund ist das Datum 2012 mehr als andere Daten in den Köpfen und den Vorstellungen der Menschen hängen geblieben. 2012 ist ein Marker, es ist ein Weckruf in unserer DNS. Warum? Wer sind wir? Was tun wir hier? Das ist die wichtigste Frage, die wir uns heute stellen müssen. Kann das Wissen der Maya Antwort geben?

Dr. José Argüelles (Archäologe, Kunsthistoriker, Visionär) geht in seinem Buch „Der Maya-Faktor" (erschienen 1987) besonders auf die Zeitzyklen des Maya-Kalenders ein und veranschaulicht diese dort deutlich. Die Maya bezeichnen sich selbst als die Hüter der Zeit, weil sie um diese Zeitzyklen wissen und ihr Sinn im großen Schöpfungsplan auch darin besteht, dieses Wissen zu bewahren. Die Maya verfügen über ein besonders komplexes Zahlensystem mit der Basis zu 20, dem sogenannten Vigesimalsystem. Mit der Berechnungsgrundlage zu 20 ergeben sich die Stellenwerte 1, 20, 400, 8000, 160.000, 3.200.000 und so weiter.

Zählung der Tage nach den ZEIT-Zyklen der Maya:

1 KIN	= 1 Tag		
1 Vinal	= 20 Tage		
1 Tun	= 360 Tage	= 1 Maya-Jahr
1 Katun	= 7.200 Tage (= 20 Tun)	= 20 Jahre
1 Baktun	= 144.000 Tage (= 20 Katun)	= 400 Jahre
1 Pictun	= 2.880.000 Tage (= 20 Baktun	= 8000 Jahre
1 Calabtun	= 57.600.000 Tage (= 20 Pictun)	= 160.000 Jahre

Die nächsten Größenordnungen sind 1 Kinchiltun (3.200.000 Tun) und 1 Alautun (64.000.000 Tun), für unsere allgemeine Zeitrechnung einfach nur unvorstellbar und, wie es scheint, waren wirklich nur die Maya in der Lage, diese Zyklen zu erfassen. Ich kenne kein anderes Volk, das sich mit dieser Mathematik messen könnte. Für uns zudem kaum vorstellbar, dass es zwischen Zeit und Mathematik eine gemeinsame Basis geben kann, oder dass eventuell sogar die Grundlagen der Mathematik der Maya das Verständnis um die Zeit sein könnte. Zyklen selbst sind nicht nur regelmäßig wiederkehrende Zeitabläufe, sondern vielmehr auch komplexe Systeme, die bei tieferer Betrachtung immer einen Sinn, ja einen Inhalt vermitteln. Die Maya beschreiben diese Zeitzusammenhänge als Räder, die in Rädern laufen. In unserer bildlichen Vorstellung, ähnlich wie das Räderwerk einer mechanischen Uhr. Ein Verändern oder Entfernen der Räder im Uhrwerk wird immer nur mit Zerstörung verbunden sein. Deshalb kann das Interesse nur in der Bewahrung bestehen. Allgemein sind wir gewohnt in Geschichtsbüchern nach Daten zu sehen und haben auch in der Schule gelernt an das zu glauben, was in den Büchern steht. Heute gibt es jedoch viele Menschen, auch Wissenschaftler, Geschichtsforscher und Geologen, die massive Zweifel anmelden. Die Handschrift der Erde und neueste technische Untersuchungen zeigen zahlreiche Unstimmigkeiten auf. Vieles dürfte sehr viel Älter sein als offiziell angegeben besonders die von der Kirche vorgegebenen Daten der Sintflut sind lediglich spekulativ zu sehen. Für mich ein Grund nur wenige, vorgegebene Geschichtszahlen zu übernehmen. Doch im Zusammenhang mit den Zeitzyklen fast nicht vermeidbar. Für die Maya begann das, was wir allgemein als „Geschichte" bezeichnen, in 3113 v.Chr. Die erste Dynastie der Ägypter wurde ca. 3100 v.Chr. mit der Stadt Uruk, wovon sich der Name Irak ableitet, gegründet. Der jetzige <Kali Yuga> (Zeitzählung der indischen Veden), Zyklus der Hindus, begann gerade einmal 11 Jahre später in 3102 v.Chr., wahrscheinlich als Lord Krishna seinen Körper ablegte und damit das Kali Yuga begann. Kali Yuga ist laut der indischen Mythologie das abschließende und dunkelste Zeitalter. Für die Mayas ist 2012 das Ende dessen, was üblicherweise als der Große Zyklus bezeichnet wird.

Der Große Zyklus ist ein Zyklus von 5.125 Jahren, der nach der Maya-Zählweise mit dem Datum 13.0.0.0.0 angegeben wird. Nach dem von uns bekannten und benutzen Kalender, dem Gregorianischen/Julianischen Kalender entspricht dies dem 13. August 3113 v. Chr. Was passierte da? Wenn wir allgemein in unsere Geschichtsbücher schauen, findet sich in den meisten westlichen Geschichtsbüchern, dass ca. 3100 v. Chr. die Zivilisation begann. Das sind 13 Jahre nach der Langen Zählung der Maya. Dieser Zeitzyklus der 5.125-Jahre-Geschichte ist interessant, er birgt das Spektrum der Kulturen einschließlich dem Speicher des Wissens. Der 21. Dezember 2012 markiert das Ende dieses Zyklus und gleichzeitig auch das Ende eines größeren Zyklus von 26.000 Jah-

ren, des so genannten Großen Plejadischen oder Platonischen Jahres. Das ist ein langer Zyklus. Ein noch größerer Zyklus endet ebenfalls am 21.12.2012: ein Zyklus von 104.000 Jahren. All diese Zyklen schließen oder laufen zusammen am 21.12.2012.

Die Abbildung zeigt den radialen Ablauf von 13 Tagen (13 Töne = 1 Welle), 20 Glyphen (Schöpfungsaspekte), die in Verbindung stehen zum Jahreslauf (365 Tage). Das Basissystem der Maya-Zeitzählung lässt erkennen, dass hier die Grundlage die Zahlen 13 und 20 gegeben sind. Die Zählung der 20 lässt die unveränderliche Struktur erkennen. Das gesamte Spiel des Lebens besteht seit Urgedenken immer im Zusammenspiel von Struktur und Dynamik (Rhythmus). Wenn Zeit demnach nichts Totes ist, sondern etwas Lebendiges, dann muss auch die Zeit aus diesen Verbindungen heraus existieren. Das bedeutet, die 20 steht für die Abläufe der Struktur und die 13 für die Dynamik oder die Wirkkraft des pulsierenden Rhythmus.

Um es wieder in eine bildliche uns vertraute Anschauung zu bringen, es ist ähnlich wie das Zusammenspiel von Zifferblatt und Uhrwerk. Ohne Zifferblatt wäre nicht zu erkennen, wie spät es ist, und eine Uhr ohne Uhrwerk macht gar keinen Sinn. Dennoch ist die Uhr nur die mechanische Zeit und damit eine tote Zeit. Für die Maya war die Zeit aber immer schon lebendig, quasi beseelt und gegenwärtig und diese lebendige, galaktische, oder auch die kosmische Zeit muss einen anderen Taktgeber haben als die Mechanik. Es kann nur Gott oder die Schöpfung selbst sein oder, wie die Maya sagen: „HUNAB K'U ist der Spender von Maß und Rhythmus" und damit auch von Zeit. Aus dieser Sichtweise wird klar, dass damit die lebendige Zeit auch ein Ausdruck von Schöpferpotential ist und warum die Maya die Auffassung vertreten, dass das Hüten und Pflegen der kosmischen Zeit (nicht das der mechanischen Zeit) eine Möglichkeit darstellt, die Schöpfung selbst damit zu ehren, etwa so, als würden wir beten oder einem Gottesdienst beiwohnen. Vielleicht gibt oder gab es diese Auffassung auch in anderen Naturvölkern, doch meist verschwand dieses Wissen hinter dem Vorhang des Vergessens. Sicherlich hat dazu die Erfindung der Uhr, also die der mechanischen Zeit (was aus der Sichtweise im Verlauf der Geschichte durchaus notwendig war), auch die Trennung von Schöpfung und Zeit verursacht. Jetzt aber im allgemeinen Zeitenwandel kommt dieses alte Bewusstsein in uns allen wieder hoch und dieses ungewisse Gefühl, mit unserer Zeit stimmt etwas nicht, tragen wir alle bewusst oder auch noch unbewusst in uns.

Zeit kann auf verschiedene Art und Weise aufgefasst werden und sie kann in verschiedenen Ebenen oder Ausrichtungen gleichzeitig stattfinden. Die galaktische und die mechanische Zeit laufen parallel nebeneinander her. Wie kann man aber den Unterschied, ohne viele Erklärung abgeben zu müssen, zum Ausdruck bringen? Deshalb wurde unter den Maya-Zeitforschern eine Art Regelung getroffen. Die mechanische Zeit hat unmittelbar den Zusammenhang zu den Zahlen 12 und 60 und wird schriftlich als Zeit (normale Schreibweise) oder als das System von 12:60 bezeichnet. Die lebendige Zeit, also die Zeit mit Schöpferpotenzial, wird schriftlich als ZEIT (alles groß geschrieben) oder als das System von 13:20 bezeichnet.

Oder noch einmal kurz zusammengefasst:
Zeit = 12 : 60 = Stunde : Minute und Sekunde
ZEIT = 13 : 20 = Rhythmus : Maß und Struktur

Die 13 wird u.a. der schöpferischen Kraft von Rhythmus gleichgesetzt, das bedeutet auch, die 13 entspricht durchaus der Energie, die in jedem Rhythmus vorhanden ist. Ich gehe später noch einmal genauer auf diese Bedeutung der 13 ein, denn grundsätzlich sind aus der Sichtweise der Maya die Zahlen nicht nur für das Zählen da, sondern sie sind vielmehr schöpferische Wirkkräfte. Zunächst möchte ich hier wie zu Beginn dieses Kapitels auf der Ebene der Zusammenhänge der Zeitzyklen bleiben. Alle Maya-Zeitzyklen beinhalten auch die „Taktangabe" über die 13er Ordnung. Ein geistiges (kosmisches) Gesetz besagt: Es gibt immer ein großes und ein kleines Muster, oder das Kleine hat auch immer die Entsprechung im Großen oder einfach gesagt: „Wie oben so unten." Der momentan gültige Großzyklus nach der Zeitzählung der Maya begann wie schon erwähnt im Jahr 3113 v. Chr. und wird mit einer Dauer von 1.872.000 <KIN> = Tage angegeben. Diese werden aber weiterhin eingeteilt in 13 Abschnitte zu 144.000 Tagen. Demnach befinden wir uns immer in einem Abschnitt von 144.000 Tagen. Gegenwärtig also im 13. Zeitzyklus (Baktun der Transformation der Materie) und dieser wird mit dem Enddatum 21.12.2012 angegeben. Oft wird geschrieben, die Maya hätten damit dem Weltuntergang ein Datum gegeben, aber genau das war nicht der Fall! Laut der Prophezeiung wird das lediglich als <**Das Ende der Zeit**> angegeben. Sicherlich als das Ende der Zeit, wie wir die Zeit bisher verstanden haben, d.h. aus der Sichtweise der Maya, die Zählung von 12:60, die auf der Gleichung von **Zeit = Geld** basiert, wird zu Ende gehen! Bestand haben wird die kosmische Zeit, die schon immer da war und die in diesem Zusammenhang auch als **ZEIT = Kunst** bezeichnet werden kann.

Oder noch einmal kurz zusammengefasst:
Zeit = 12 : 60 = Stunde : Minute und Sekunde oder Zeit = Geld
ZEIT = 13 : 20 = Rhythmus : Maß und Struktur oder ZEIT = Kunst

Letztlich lässt sich damit auch aussagen, dass wir erst ab 2013 in der Lage sein werden ZEIT wirklich zu verstehen. Das bedeutet auch, dass sich damit das gesamte Weltbild der Menschheit wandeln wird, und damit auch unser komplettes Leben. Weiterhin ist nicht nur den Maya bekannt, dass auch die Sonne ihre Umlaufbahn beendet. Zum besseren Verständnis, die Erde benötigt für die Vollendung ihrer Umlaufbahn gute 365 Tage. Die Sonne läuft ebenfalls eine Bahn, sie benötigt dafür aber gute 26.000 Jahre (platonisches Jahr). So befindet sich auch die Sonne in ihrem Zieleinlauf. Gerade hier wird es verständlich, dass das Ende auch gleichzeitig wieder der Anfang ist, dennoch gibt es einen Unterschied! Die Sonne, die Erde, die Zeit werden sicherlich ihren Weg weiter voranschreiten, nur was sich verändern wird, ist garantiert die Frequenz und damit die Schwingung und damit auch das Bewusstsein! Es macht Sinn, sich mit dem Thema der allgemeinen Frequenzerhöhung (bekannt seit 1987) zu beschäftigen, die die Erde wie auch die Sonne (wissenschaftlich nachweisbar) kontinuierlich zeigen. Schon lange hat sich dieses Thema aus den so genannten esoterischen Lehren herausgelöst und wird von den Wissenschaftlern sehr genau unter die Lupe genommen. Es ist bekannt, dass Veränderungen auf der Erde stattfinden, nicht nur durch Klimawandel hervorgerufen. Die Pole verschieben sich, damit auch das Magnetfeld und noch vieles mehr. In der Quantenphysik ist es schon lange bekannt, dass bei Versuchen nicht nur die absolut gleichen materiellen und zeitlichen Bedingungen eine Rolle spielen, sondern auch das Bewusstsein der Menschen, die die Versuche ausführen. Was nichts anderes bedeutet, dass das Bewusstsein (bewusstes Sein) der jeweiligen Menschen auf Verlauf und Ergebnis des Versuchs Einfluss nehmen. Der Nobelpreisträger Max Planck, der Vater der Quantenphysik, drückte das bereits 1937 mit folgenden Worten aus: „Die Naturwissenschaft braucht der Mensch zum Erkennen, die Religion aber braucht er zum Handeln!" Das Wort Religion entspringt dem Wortstamm religio, was gleichbedeutend ist mit Rückbindung. Jeder darf dazu gerne sagen, wie er möchte.

Schon als Kind war ich wie so viele andere auch von der Fernsehserie „Raumschiff Enterprise" begeistert und besonders von dem darin gezeigten Vorgang des Beamens. Seit ich das gesehen habe, glaube ich daran! Nur entscheidend ist die Erkenntnis, dass das „Beamen", so wie es allgemein verstanden wird, nicht nur allein darin bestehen kann, lediglich Materie zu beamen, sondern dass das Bewusstsein (die Kraft des Geistes) der entscheidende Impuls sein muss, also ohne entsprechendes Bewusstsein lässt sich keine Materie beamen! Bewusstsein wiederum ohne die Verbindung zu Gott (bzw. die Schöpferkraft) zu haben macht keinen Sinn, deshalb macht auch Wissenschaft ohne Bewusstsein keinen Sinn! Betrachten wir nun die Botschaft der Maya für diesen Zeitzyklus noch einmal, nämlich: Wir befinden uns momentan im 13. Zyklus, dem Baktun der Transformation der Materie. Nur damit ist mir auch klar, dass ein wesentlicher Bestandteil der Transformation nicht nur darin bestehen kann, Technik in seiner höchsten Perfektion zu benutzen, sondern auch, dass das Bewusstsein eine entscheidende Rolle spielen muss! Was wird uns dafür gegeben, was müssen, dürfen wir selber tun?

Dr. José Argüelles vertritt nach dem ihm überlieferten Maya-Wissen die Meinung, dass ein galaktischer Pulsationsstrahl ausgehend von der Sonne hinter der Sonne, hinter der Sonne <HUNAB K'U> dafür sorgen wird, dass Veränderungen auf der Erde stattfinden werden. Der Beginn dazu fand bereits 3113 v.Chr. statt! Eine entscheidende Verstärkung gab es dazu im Jahr 1987 mit der sogenannten <Harmonikalen Konvergenz>.

Die Harmonikale Konvergenz

Am 15./16. August, einem Tag und einer Nacht im Jahr 1987, heute als die Harmonikale Konvergenz bekannt, sind viele Menschen einem kosmischen Ruf gefolgt, zum Teil bewusst und manche auch unterbewusst, um an verschiedenen Kraftplätzen der Erde zu meditieren mit dem Sinn, eine planetare Friedensbewegung zu unterstützen. Die Maya sagen, dass dies auf Grund der Prophezeiung erfolgte, denn dieser Tag wird gleichgesetzt mit dem Ende des Zeitalters der 9 Höllen und damit mit dem Beginn des Zeitalters der 13 Himmel. Weiterhin sagen sie, dass mit diesem Tag die Aktivierung des Synchronisationsstahles (der bereits schon 3113 v.Chr. seinen Weg auf die Erde gefunden hat) merklich zunehmen wird. Vielleicht lässt sich das auch mit dem Eintritt in das Wassermannzeitalter vergleichen, das im Prinzip jedem bekannt sein sollte. Fakt ist jedenfalls, dass sich seit dieser Zeit tatsächlich die Schwingung der Erde mehr als verdoppelt hat und damit die Erde selbstverständlich auch ihre Frequenz erhöht hat, und das Gleiche geschieht mit jeglichem Leben auf der Erde.

Selbst der NASA ist seit gut 15 Jahren bekannt, dass für die Schwingungsveränderung auf der Erde nicht nur die Veränderung des Magnetfeldes der Erde und die Erhöhung der elektromagnetischen Sonnenstrahlung zuständig sind, sondern dass es tatsächlich einen messbaren Energiestrahl gibt, der seinen Ursprung im Zentrum der Galaxie hat und der auf die Erde ausgerichtet ist. In den letzten Jahren hat sich diese Strahlung um mehrere hundert Prozent erhöht. Weiterhin bedeutet dies, unbewusst sind alle von diesem Evolutionsprozess betroffen, doch die, die damit bewusst in Resonanz gehen können, werden sehr schnell den Umgang mit diesen Frequenzen erlernen. Sie sind Grundlage von Veränderungen im mentalen wie auch im physischen Bereich, die als Basis das kosmische Erbe haben, das erfüllt ist von der Energie der Schöpfung im Sinne von Liebe, Licht und Leben. Alles was auf der Basis von Zerstörung und Gier gewachsen ist, wird demnach zerfallen, da es ganz einfach der stetigen Frequenzerhöhung unterliegen wird.

DIE SIEBEN PROPHEZEIUNGEN DER MAYA

Einfach nur Schicksal – oder was ist unsere Aufgabe?

Seit 1997 konnte ich schon einige Male Dr. José Argüelles mit seiner Frau Lloydine live erleben. Einige private Videoaufzeichnungen, Mitschriften und diverse Literatur geben die sieben Prophezeiungen der Maya in folgender Aufzeichnung wieder. Vieles davon ist schon eingetreten, manches wir sicher noch kommen. Doch die beste Prophezeiung ist immer die, die nicht eintritt, das wiederum hängt von der globalen Bewusstseinsveränderung der gesamten Menschheit ab. Doch eines ist absolut sicher: Es wird so etwas wie eine neue Geburt der Erde stattfinden! Die Aufgabe des Menschen liegt quasi darin, für die Geburtsvorbereitung zuständig zu sein. Es liegt also an uns, ob es eine heftige oder eine sanfte Geburt geben wird. Gut zu wissen, was alles eintreten kann, aber auch wofür sich Anstrengungen lohnen, dass manches nicht eintreten wird.

Erste Prophezeiung
Die Welt des Hasses und des Materialismus geht am 21. Dezember 2012 zu Ende. Dies wird auch das Ende der Angst sein. An diesem Tag wird die Menschheit zwischen dem Untergang eines denkenden Geschlechts, das stets an die Zerstörung der Welt denkt, oder einem Fortschritt zu einer harmonischen Integrierung des Universums hin entscheiden, gegründet auf dem Gedanken und dem Bewusstsein, dass überall Leben

ist und wir einen Teil davon darstellen und in einer neueren Zeitetappe des Lichts leben können. Die erste Prophezeiung ruft uns auf, Veränderungen im Bewusstsein und Verhalten durchzuführen, um vom Weg der Zerstörung abzukommen, um uns in alles schon Existierende zu integrieren. Die Maya wussten, dass unsere Sonne lebt und atmet und sich in regelmäßigen Abständen in den riesigen Organismus, in dem sie existiert, hineinsynchronisiert und wundervolle magnetische Veränderungen vollzieht. Dies geschieht, so sagt man, alle 5125 Jahre, wenn die Erde unmittelbar von den Ergebnissen einer Verlagerung der Rotationsachse der Sonne betroffen wird. Die Mayas sagten voraus, dass am 21. Dezember 2012 die Sonne, nachdem sie ein starker synchronisierender Strahl aus dem Zentrum der Milchstraße trifft, ihre Polarisierung ändern wird und sich eine riesige Stichflamme bilden wird. Aus diesem Grund muss die Menschheit darauf vorbereitet werden, die von den Mayas belassene Tür zu durchschreiten, die eine große Katastrophe unseres Planeten zu vermeiden versucht, um eine neue Ära in einem sechsten Sonnenzyklus zu beginnen. Die erste Weissagung spricht auch von der „Zeit ohne Zeit", einer Periode von 20 Jahren, die 1992 begonnen hat und 2012 endet, in welcher die Menschheit in ihren letzten Abschnitt großen Wissens und großer Veränderungen eintritt. Sieben Jahre nach Beginn dieses Zeitraumes kommt es zu einer Phase der „Dunkelheit", die uns alle mit unserem eigenen Verhalten konfrontieren wird: „Der große Spiegelsaal".

Die zweite Prophezeiung

Hier wird vorausgesagt, dass sich jegliche Verhaltensweisen der Menschheit ab der Sonnenfinsternis am 11. August 1999 schlagartig verändern werden. Dabei handelte es sich um ein unvorhergesehenes Ereignis der Geschichte, indem sich fast sämtliche Planeten des Sonnensystems in Form eines kosmischen Kreuzes (mit Zentrum in der Erde) anordneten. Sie positionierten sich in den vier Sternzeichen, auch Zeichen der vier Evangelisten, die vier Thronwächter, die Apokalypse des San Juan vollziehend. Außerdem überquerte der Schatten des Mondes auf der Erde ganz Europa, ging durch Kosovo und später durch den mittleren Orient, Iran und Irak und schließlich nach Pakistan und Indien. Es scheint so,

als würde der Schatten der Sonnenfinsternis einen Kriegs- und Konflikt-
bereich begrenzen (was auch pünktlich geschah). Die Maya behaup-
ten, dass die Menschheit im Zuge der Finsternisse leicht ihre gefühls-
mäßige Selbstkontrolle verlieren würden oder im Gegenteil ihren inneren
Frieden und Toleranz verstärken und Konflikte vermeiden.

Von da an kann man von einem Zeitabschnitt der Veränderungen
sprechen, das Vorzimmer einer neuen Ära. Vor Sonnenaufgang ist die
Nacht am dunkelsten; das Ende der Zeit ist eine Epoche der Konflikte
und großer Lehren, Kriegen, Trennungen und gemeinschaftlicher Ver-
rücktheiten, die eine Zeit der Zerstörung und des Fortschritts nach
sich ziehen. Die zweite Prophezeiung besagt, dass die vom Zentrum
der Milchstraße herkommende Energie die Vibrierungen des Universums erhöhen und schneller wachsen lassen wird. Das wird sich zeigen,
indem ein Mensch mit einer unwahrscheinlich hohen Energieausstrah-
lung erscheinen wird. Personen mit Sensibilität und geistigen Kräften
werden in der Lage sein, in die Heilung zu führen. Aber auch Schwindler
werden kommen, die es darauf anlegen, ökonomische Vorteile auf der
Grundlage einer verzweifelten Lage anderer zu erzielen. Dies schließt
ein, dass Himmel und Erde sich gleichzeitig kundtun werden und jeder
Mensch in jedem Leben und von seinem eigenen Verhalten abhängen
wird: der Himmel mit der Weisheit, freiwillig, alles Geschehene weiter-
leben zu lassen; die Hölle mit der Unkenntnis, mit Leiden zu lernen;
zwei unzertrennliche Kräfte, wobei eine darin besteht, dass sich das
Universum in Richtung Perfektion entwickelt und die anderen im ma-
terialistischen Sinn, die lediglich den Egoismus schürt. In der Zeit des
Umschwungs sind die alle Möglichkeiten vorhanden...

Die dritte Prophezeiung

Die dritte Prophezeiung der Maya sagt voraus, dass durch eine Hitze-
welle sich die Temperatur unseres Planeten erhöhen wird. Damit ein-
hergehen Klimawechsel, geologische und soziale Veränderungen in
unheimlicher Geschwindigkeit. Dazu wird dies begleitet von nicht vor-
stellbaren Konsequenzen. Eine große Rolle in Bezug auf die Problematik
der allgemeinen Temperaturerhöhung spielt vor allem das unbewusste

und zerstörerische Verhalten der Menschen. Aus der Sichtweise der Mayas liegt der Grund für die Temperaturerhöhung auf der Erde im Handeln der Menschen selbst, die durch die fehlende Harmonie mit der natürlichen Umwelt dafür sorgen, dass selbstzerstörende Prozesse gefördert werden. Andererseits erzeugt die Sonne aufgrund beschleunigter und höherer Aktivitäten von Vibration und Strahlung eine Erhöhung der Temperatur in der Erde.

Die vierte Prophezeiung

In der vierten Prophezeiung wird gesagt, dass die Temperaturerhöhung mit dem antiökologischen Verhalten der Menschheit und der erhöhten Sonnenaktivität in Zusammenhang steht und im Ergebnis dazu, dass das Eis der Pole zu schmelzen beginnt. Wenn die Sonne ihre Aktivität über ein normales Niveau hinaus erhöht, entstehen auch mehr Sonnenwinde, massive Ausbrüche vom Sonnenrand ausgehend, die ebenfalls zu einer erhöhten Ausstrahlung und zu einer allgemeinen Erhöhung der Temperatur auf der Erde führen.

Die Mayas stützten sich bei ihren Aussagen weiterhin auf die Kenntnisse der Umlaufzeit des Planeten Venus von 584 Tagen, um damit auch die Berechnungen der Sonne zu kalibrieren: Venus ist leicht am Himmel zu entdecken, denn ihre Laufbahn befindet sich zwischen Erde und Sonne. Im Dresdener-Kodex wurde registriert, dass nach 117 Umläufen der Venus, die immer an der gleichen Stelle am Himmel erscheint, die Sonne Veränderungen aufweist, riesige Flecken und Ausbrüche an der Oberfläche zu beobachten sind. Sie sagten voraus, dass dies alle 5125 Jahre geschieht und immer damit verbunden sein wird, dass Probleme auftreten werden. Wenn dies geschieht, sollten die Menschen sehr aufmerksam werden, da dies Vorboten von Umschwüngen und Zerstörung sein können. Im Dresdener-Kodex erscheint auch die Ziffer 1366560 Kins, die eine Differenz von 20 Jahren mit dem im Kreuz-Tempel in Palenque erscheinenden Datum aufweist. Dieser Zeitunterschied wird die „Zeit der Nichtzeit" genannt und wir leben bereits in ihr seit 1992. Die Sonnenaktivität wird sich erhöhen, und vermehrt auch auf der Erde spürbar sein, denn das uns schützende elektromagnetische Schutzschild verliert schon seit längerer Zeit an Intensität. Was bedeutet, die Abschirmung der Erde ist geschwächt.

Die fünfte Prophezeiung

Diese Prophezeiung besagt, dass alle auf der Angst basierenden Systeme, vor allem jene unserer Gesellschaft, sich zu gleicher Zeit mit der Veränderung der Planeten und den Menschen umgestalten werden, um eine neue harmonische Realität zu erreichen: der Mensch ist davon überzeugt, dass das Universum allein für ihn existiert, dass die Menschheit der einzige Vertreter intelligenten Lebens ist. Aus diesem Grunde verhält er sich wie ein Plünderer. Die Systeme werden fehlschlagen, um die Menschheit zu konfrontieren und ihnen die Augen zu öffnen, dass die Notwendigkeit besteht, die Gesellschaft neu zu organisieren und den Weg der Revolution erneut einzuschlagen, der uns die Schöpfung verstehen lässt. Der neue galaktische Tag sowie die Anbetung einer Zeit des Friedens und der Harmonie für die gesamte Menschheit werden von allen Religionen vorausgesagt. Es liegt auf der Hand, dass sämtliche Faktoren, die zu diesem Ergebnis führen, ausgeschlossen werden oder umgewandelt werden müssen. In der neuen Zeit kann keine Menschheit leben, die sich auf eine Militärökonomie und Wahrheitsauferlegung wider Willen stützt.

Die sechste Prophezeiung

In der sechsten Prophezeiung der Mayas wird vorausgesagt, dass in den nächsten Jahren ein Komet erscheinen wird, dessen Verlauf die Existenz der Menschheit in Gefahr bringt. Für die Mayas waren die Kometen ein Sinnbild für Umschwünge, die Bewegung in das bestehende Gleichgewicht bringen, um bestimmte Strukturen und das allgemeine Bewusstsein umzuformen: Jegliche Dinge, selbst die gegensätzlichsten, haben unter den verschiedenen Umständen einen bestimmten Platz. Nur wenigen wird es gelingen, ein Verständnis über das Leben zu erlangen und Bewusstsein gegenüber der Schöpfung zu entwickeln. Aus diesem Grund hat sich der Mensch unaufhörlich mit unerwarteten Situationen konfrontiert, die ihn leiden lassen. Dies ist auch eine Art, das Verständnis über die Beziehung der Welt mit den anderen zu erlangen. So wird der Mensch entlang vieler Leben die universalen Gesetze des Schöpfungsursprungs verstehen. Für die Mayas ist Gott im Leben mit seinen Formen enthalten, im Unendlichen. Der in der sechsten Prophezeiung erwähnte Komet wurde auch von anderen Religionen und Kulturen vorausgesagt, auch in der Bibel in der Offenbarung des Johannes wird er erwähnt unter dem Namen „Wermut".

Die unvermeidbare und in der sechsten Prophezeiung angekündigte Gefahr wird uns dazu nötigen, eine internationale Zusammenarbeit aufzubauen, ein Leitungs- und Kontrollsystem, das über den Ländern steht, sowie ein Weltkommunikationssystem als einzige Art, um die Länder dazu zu bringen, ihre Herrschaft an eine Organisation wie die UNO abzugeben und einer Weltregierung den Vortritt zu geben. Dies wäre eine Veränderung in der Charakteristik unserer Gesellschaft, um letztlich die Zersplitterung zu vermeiden.

Die siebente Prophezeiung

Diese Prophezeiung der Mayas sagt voraus, dass in seinem zyklischen Drehen das Sonnensystem aus der Nacht heraustreten wird, um zum Sonnenaufgang sich der Milchstraße einzugliedern. Es wird weiterhin gesagt, dass sich das aus der Milchstraße kommende Licht die dreizehn Jahre von 1999 bis 2012 mit den Lebewesen synchronisiert und ihnen erlaubt, freiwillig zu einer inneren Umwandlung zu kommen. Dies lässt eine neue Realität aufkommen, in der für alle Menschen die Möglichkeit eines Umschwungs gegeben sein wird, Einschränkungen aufzuheben und zu beseitigen, indem sie einen neuen Lebenssinn erhalten. Der Mensch findet freiwillig seinen Status des inneren Friedens, indem er seine Lebensenergie erhöht, dabei seine Frequenz der inneren Angst hin zur Liebe gleiten lässt. Die Verständigung wird zudem über Gedankenübertragung möglich sein. Das bedeutet der Mensch wird fähig sein, sich durch die Gedanken auszudrücken und Informationen zu empfangen. Damit kommt ein neuer Lebenssinn auf.

Die Fähigkeit des gegenseitigen Gedankenlesens wird der Gesellschaft einen enormen Fortschritt bringen, Eingrenzungen werden aufgehoben, Lügen werden nicht mehr existieren, denn niemand kann etwas verbergen. Diese Zeit der Durchsichtigkeit und des Lichts kann weder durch Gewalt oder negative Stimmungen beeinflusst werden. Gesetze und externe Überwachungen wie Polizei und Militär werden nicht mehr im herkömmlichen Sinne vorhanden sein, denn jeder ist für seine eigenen Gedanken und Handlungen verantwortlich und es wird nicht mehr notwendig sein, Gesetze oder Pflichten aufzuerlegen. Es wird eine Weltregierung geben, die sich aus den Weisesten aller Länder zusammensetzt und die harmonisch regieren wird.

Das Geld als Zahlungsmittel wird nicht mehr nötig sein. Es wird neue Technologien für die Handhabung von Licht und Energie geben und damit verwandelt sich auch die Materie, indem alles auf einfache Weise produziert werden kann. Damit wird der Armut für immer ein Ende gesetzt. Exzellenz und geistige Entwicklung werden das Ergebnis eines harmonischen Zusammenlebens der Menschen sein, die ihre Aktivitäten auf höchstem Niveau ausführen. Damit werden sie auch fähig sein, ihren Verständnissinn für die universelle Ordnung auszubauen. Mit der Gedankenübertragung wird auch ein neues Immunsystem geschaffen, dem es möglich sein wird, Krankheiten, die aus niedriger Schwingung heraus erzeugt wurden, auszulösen und somit das Leben der Menschen zu verlängern. In der neuen Zeit ist es notwendig, das Wissen des umgekehrten Kontrastes, hervorgerufen durch die tausende Jahre kennzeichnender Krankheiten und Leiden, zu erlernen. Künstlerische Kundgebungen und allgemeine Freizeitaktivitäten werden Hauptgedanken des Menschen sein. Die vielen tausend Jahre, begründet auf der Trennung zwischen den Menschen und der Anbetung eines unerreichbaren Gottes, der straft und entscheidet, werden für immer eine neue Gestalt annehmen. Der Mensch wird einen „Milchstraßenfrühling" erleben, das Aufblühen einer neuen Realität, die sich auf die Integrierung des Planeten und seinen Menschen konzentriert. Man wird verstehen, dass wir fester Bestandteil eines einzigen gigantischen Organismus sind und dass wir eng mit der Erde und untereinander mit unserer Sonne und der inneren Milchstraße in Verbindung stehen. Alle werden verstehen, dass die Welten der Mineralien, Pflanzen, Tiere und sämtlicher im Universum in verschiedenen Größen (vom Atom bis zur Milchstraße) verstreuter Materie als Lebewesen mit einem eigenen Fortschrittsbewusstsein eingestuft werden können. Ab dem 21. Dezember 2012 werden sich alle Beziehungen auf Toleranz und Flexibilität aufbauen, denn der Mensch wird seine Mitmenschen als einen Teil von sich selbst empfinden.

Diese Botschaft der Maya ist eine Botschaft an uns alle

Wir sehen die Welt
wie ein schillerndes Netz,
in dem alles mit allem verbunden ist.

Wir sehen einen Planeten,
der zivilisiert ist und der bewohnt ist von Menschen,
die sich ihrer schöpferischen Kräfte
voll bewusst sind,
die in Weisheit handeln, weil sie wissen,
dass sie die Schöpfer ihrer Wirklichkeit sind.

Wir sehen eine Erde,
auf der die Menschen
keine Gesetze mehr brauchen,
um sich voreinander zu schützen.
Allein das Gesetz der gegenseitigen Achtung
wird zwischen den Menschen
und allen Lebewesen gelten.

Wir sehen eine Erde,
auf der es keine Trennungen mehr gibt,
auf Grund von Gier und Verurteilungen.
Es ist die Zeit,
wo das Netz der gesamten Lebensenergien
wieder in Betrieb genommen wird.

Wir sehen eine neue Erde,
auf der die Menschen sich selbst führen
und der Antrieb für all ihr Handeln und Denken
allein aus dem Wissen ihres Herzens kommt.

Wir sehen eine neue Mutter Erde,
die im Einklang lebt mit ihren Geschöpfen,
die genährt ist und nährt,
die atmet und Atem gibt,
die Wärme empfängt und Wärme verströmt.
Es ist dies eine Erde,
die sich im Rhythmus des Universums bewegt.

(Verfasser unbekannt)

HUNAB K'U UND DIE KOSMOVISION MAYA

„Du sollst keine fremden Götter haben neben mir!"

Sehr schnell wird beim Maya-Wissen mit dem Wort der Götter um sich geworfen. Sicherlich weil es aus unserer Sichtweise so üblich ist, wenn eine Kraft angerufen wird, die nicht mit dem alleinigen Wort Gott bezeichnet wird. So kommen sehr schnell Verbindungen auf zu einem Regengott <Chac> oder Maisgott <Yum Kax>. Inzwischen weiß ich selbst sehr genau, dass die Maya, ebenso wie wir nur einen einzigen Gott haben. Sie selbst sagen: Es gibt nur einen Gott <HUNAB K'U> oder genau genommen sogar <HUN HUNAB K'U> und Gott trägt lediglich viele Namen. Gemeint sind damit die Namen anderer Religionen, wie Gott, Buddha, Krishna, Allah, Mohammed, Manitu usw. Aber in jeder Religion gibt es außer Gott auch Heilige, Schutzpatrone, Avatare, Idole und Engel. Auch bei uns! Ich weiß noch sehr gut, dass meine Großmutter mir beibrachte, wenn ich etwas verloren hatte, zum heiligen Antonius zu beten, weil dieser dafür zuständig sei, die Suche zu unterstützen. Die katholische Kirche z.B. bezeichnet ihre Heiligen u.a. als Schutzpatrone und sie würde sicherlich nicht auf die Idee kommen, den Heiligen Antonius als den Gott der Suchenden zu bezeichnen. Genau so wenig wie der Heilige Christopherus der Gott der Autofahrer ist und der Heilige Florian der Gott der Feuerabwehr ist. Drehen wir doch einfach mal das Bild um: Was wäre, wenn unsere Kultur erst entdeckt werden würde und die Entdecker in eine unserer Kirchen kämen, in der es unzählige

Heiligendarstellungen gibt? Könnten diese auf den ersten Blick nicht auch den Anschein erwecken, es handele sich hier um mehrere Götter? Ich denke auf die gleiche Weise ist das bei den Maya geschehen. Wenn es da noch andere <Wirkkräfte> gibt, die angebetet werden, dann ist das eben die erste Schlussfolgerung, es gibt andere Götter! So etwas sind dann sehr schnell hartnäckige Übersetzungsfehler, weil meist nicht richtig gefragt oder auch nicht zu Ende gefragt wurde. Mir selbst ist es schon geschehen, dass ich in Mexiko einen Maya gefragt habe, ob das Götter sind und ich bekomme als Antwort ein „Ja"; frage ich weiter, ob das zu vergleichen ist mit Heiligen oder Engeln, bekomme ich auch ein „Ja". So handelt es sich in meinen Augen nur um den Standpunkt der Betrachtung und unter uns gesagt: „Die Götter der Maya" hört sich auch viel besser und spektakulärer an, als „Die Idole der Maya" und die Heiligen gehören halt nun mal in die Kirche. Aus diesem Grund verwenden immer noch sehr viele Fremdenführer wie auch Autoren den Begriff der Götter.

HUN HUNAB K'U

So lautet der genaue Wortlaut in der Sprache der Maya für Gott. Übersetzt steht das Wort HUN für Eins. Zweimal den Bezug zur Eins hintereinander macht im Zusammenspiel der Worte ungefähr folgenden Sinn: Der eine Einzigartige! Das bringt zum Ausdruck, dass darüber nichts mehr stehen kann. Denn es steht für die Kraft der Ur-Quelle selbst. <HUN HUNAB K'U> wird mit folgenden Worten umschrieben: „Der eine einzigartige Schöpfer, der Maß, Rhythmus und Harmonie (Liebe) hervorbringt".

DIE KOSMOVISION MAYA

Die Maya gehen in ihrer Auffassung der KOSMOVISION davon aus, dass es eines Tages möglich sein wird, all die verschiedenen Ströme von Religionen unter dem Verständnis dieser allumfassenden Betrachtungsweise der Schöpfung wieder zusammenzuführen. Das bedeutet keinesfalls, dass es nur noch eine Weltreligion geben wird, sondern vielmehr, dass alle Glaubensrichtungen unter einer vollkommen friedvollen und gleichwertigen Sichtweise möglich sein werden. Solange dies noch nicht real ist, ist es sicherlich noch eine Vision. Eine Vision, die die ganze Welt, ja den kompletten Kosmos angeht. Als ich das erkannt habe, wusste ich in der allertiefsten Überzeugung meines Seins und mit der Liebe meines Herzen, dass dies auch meine Vision ist.

Die Kosmovision der Maya verbindet das Leben mit dem Menschsein, dem Denken und Fühlen, mit unserer Umwelt, dem Wasser, der Luft, mit den Steinen, der Erde, dem Feuer und den entfernten Elementen wie mit den Planeten und den Sternen. Die Natur und der Kosmos existieren aus der Unterschiedlichkeit ihrer Elemente. Alle haben einen Wert. Keine Spezies steht über der anderen. Der Sinn dieser Vision kann nur im Einklang bestehen. Visionen sind durchaus die Sinnfrage des Lebens. Warum lohnt es sich zu leben? Aus welchem Grund mach ich morgen meine Augen wieder auf? Schon als Kind hatte ich die felsenfeste Überzeugung, dass eines Tages Deutschland wiedervereint sein wird: eine meiner ersten Visionen, die ich in mir getragen habe und die sich verwirklicht hat. Genauso fest glaube ich daran, dass eines Tages ein Slogan seine Verwirklichung in der Realität finden wird, nämlich: „Stell Dir vor es ist Krieg und keiner geht hin!" Die Verwirklichung der Vision ist mein Grund, warum ich immer wieder die Aktion des LEBENDEN TZOLKIN durchführen werde. Hier wird kollektiv die Möglichkeit gegeben, im wahrsten Sinne des Wortes für den Weltfrieden zu stehen. Das erste Mal, als dieses Projekt seine Ausführung fand, war der 16.09.2006. Auf den ersten Blick kein besonders Datum, aber mit dem Maya-Zeit-Wissen steht das für Kin 1 und damit für die Kraft der Spindrehung, also der Neustart eines Zyklus von 260 Tagen. Kann es nur Zufall sein, dass genau 520 Tage später die Präsidentschaftswahl in den USA war (mehr dazu in einem folgenden Kapitel)? Bekannt ist sicherlich auch das Ereignis des Quantensprungs der Menschheit im September 2007, mit dem das Ende der Herrschaft im Sinne von 666 in Verbindung gebracht wird. Also nur ein Jahr später. Selbst wenn die energetische Beteiligung dazu nur minimal sein sollte, selbst dann lohnt es sich, das Projekt des Weltfriedens, den LEBENDEN TZOLKIN, immer und immer wieder durchzuführen.

Bild Nr. 1: Lebender Tzolkin – Wir stehen für den WELTFRIEDEN

Bild Nr. 2: Tzolkin aus Stein in Tonina

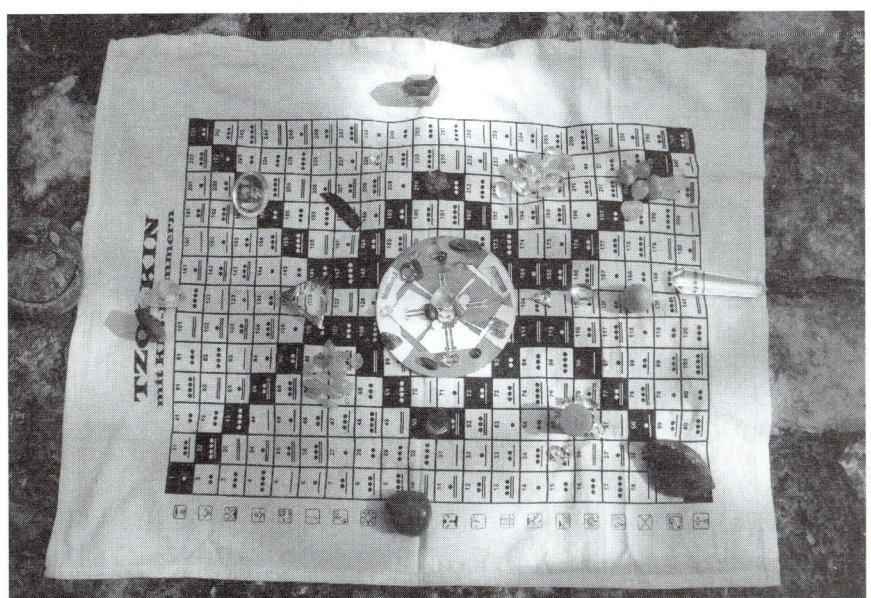

Bild Nr. 3: Tzolkin auf Stoff zu einem Ritual in Coba

Bild Nr. 4: Lakandone in Palenque

Bild Nr. 5: Tempel der Inschriften, Palenque

Bild Nr. 6: Schautafel in Palenque

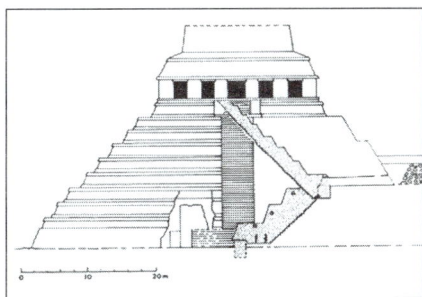

Bild Nr. 7: Querschnitt Tempel der Inschriften

Bild Nr. 8: Altarstein für Pacal Votan

Bild Nr. 9: Platz des Kreuzes, Palenque

Bild Nr. 10: Marion und Uwe in Palenque

Bild Nr. 11: Palast des Windes

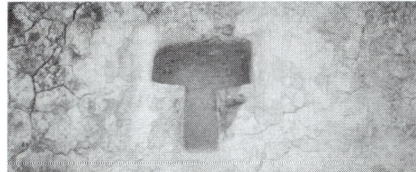

Bilder Nr. 12

Bild Nr. 13

Bild Nr. 14: Symbole für Wind und Geist überall in Palenque

Bild Nr. 16: Abstieg in die Krypta

Bild Nr. 15: Pakal Votan auf Leder

Bild Nr. 17: Relief der Grabplatte

Bild Nr. 18: Altartuch mit Kristallschädel

Bild Nr. 20: Pyramide Chichén Itzá

Bild Nr. 22: Tempel der 7 Puppen in Dzibilchaltún

Bild Nr. 19: Mutter und Tochter in MayaPan

Bild Nr. 21: Pyramide des Zauberers in Uxmal

PALENQUE

Das kleine Universum

Bei meiner ersten Reise nach Mexiko bin ich selbstverständlich davon ausgegangen, dass es möglich sein wird, Palenque im Bundesstaat Chiapas gelegen, zu besuchen und damit insbesondere den Tempel der Inschriften mit seiner sich im Inneren befindenden Grabkammer. Doch hier erstmal wieder die Vorgeschichte: Vor rund 160 Jahren drangen die Mayaforscher John Lloyd Stephens (Rechtsgelehrter, Schriftsteller und Diplomat) und Frederik Catherwood (Architekt und genialer Zeichner) in die Urwaldzentren der klassischen Maya vor. Ihre Schriften und Bilder sind Zeugnisse dessen, in welchem Zustand die Tempelstädte der Maya waren, bevor diese dem Urwald wieder entrissen und restauriert (optisch poliert) wurden. Stephens war beim Anblick der Ruinen überwältigt und schrieb damals nieder: „Hier war die Hinterlassenschaft eines kultivierten, verfeinerten Volkes, das alle Stufen, die mit Aufstieg und Niedergang eines Volkes verknüpft sind, durchlaufen hatte. Ohne dass die übrige Welt von ihnen wusste, erklommen sie die Höhe ihres goldenen Zeitalters und fanden ihren Untergang. Die Glieder der Kette, die sie mit dem Menschengeschlecht verband, sind zerbrochen und verloren gegangen... Mitten zwischen Zerstörung und Verfall schauten wir rückwärts in die Vergangenheit, sahen den düsteren Wald sich lichten und stellten uns jedes Gebäude in seiner Vollkommenheit dar, mit Terassen und Pyramiden, seinen in Stein gemeißelten und gemalten Ornamenten, großartig, erhaben, eine unendlich weite Ebene überblickend, und sehr eindrucksvoll... Nichts hat mich im Roman der Weltgeschichte stärker beeindruckt als der Anblick dieser einst so großen Stadt, nun durcheinander geworfen und vergessen, durch Zufall entdeckt, viele Meilen im Umkreis von Bäumen überwuchert. Nicht einmal einen Namen hat sie, mit dem man sie nennen könnte. "

Beide, Stephens wie auch Catherwood selbst, sind dem Ruf nach Palenque gefolgt, weil sie um das Jahr 1820 auf die Veröffentlichung der Forschungsreise des Johann Friedrich Maximilian Graf von Waldeck gestoßen sind, und dieser hatte eine Anzahl von sehr guten Zeichnungen angefertigt. Noch heute trägt ein Tempelgebäude in Palenque den Namen des Grafen, der dort über 2 Jahre gelebt hat. Vom Grafen von Waldeck selbst ist nicht viel bekannt, nur so viel: er mochte schöne Frauen und er wurde sehr alt, nämlich 109 Jahre (über 2 Maya-Zyklen) und dabei ist er durch einen Unfall ums Leben gekommen, jedenfalls nicht an Altersschwäche gestorben und er nahm es mit der Wahrheit nicht so ernst. Das kann natürlich noch zusätzlich ein Ansporn gewesen sein, selbst nach der Wahrheit zu suchen, und so haben noch viele weitere Mayaforscher den Weg nach Palenque gefunden. Viele von ihnen waren der Meinung, dass die Bildhauerkunst der Maya dort in Palenque ihren Höhepunkt erreicht habe, ohne auch nur zu erahnen, dass der wirkliche Beweiß dafür erst viele Jahrzehnte später ans Licht der Welt kommen würde.

Dem mexikanischen Archäologen Alberto Ruz Lhuillier wurde 1949 vom Instituto Nacional de Antropologia e Historia (INAH) die Leitung eines groß angelegten Ausgrabungsprogramms in Palenque übergeben. Die finanzielle Unterstützung für diesen Auftrag wurde u.a. von Nelson Rockefeller getragen, der sehr interessiert war an einem Kulturaustausch zwischen den Vereinigten Staaten und Lateinamerika. <Der Tempel der Inschriften>, der im Grunde genommen der Aufbau einer Pyramide von ca. 21 m Höhe ist, zeigt sich im wahrsten Sinne des Wortes als Einstieg in die monumentale Kulturlandschaft der Maya. Es wird erzählt, dass Ruz während seiner Arbeit im Tempelvorraum eine Maus gesehen hat, die dann in einer Bodenfuge verschwunden ist. Seiner Neugierde nachgehend entdeckte er an der Stelle, an der die Maus verschwand, eine Bodenplatte, die sonderbarerweise kegelförmige Löcher hatte, die wiederum mit einer Art Steinpfropfen verschlossen waren, zudem gab diese Bodenplatte seinem Tritt etwas nach. Sofort ließ er diese von einigen Arbeitern aufhebeln. Sie entdeckten den Ansatz einer Treppe, die steil nach unten führte, einen geheimen Zugang zum Inneren der Pyramide, der jedoch nicht begehbar war, da alles mit Geröll und Bauschutt angefüllt war. Offensichtlich war dies in grauer Vorzeit absichtlich geschehen. Die Ausgrabungen waren sehr anstrengend, es gab zunächst kein elektrisches Licht. Kerzenlicht wie auch das von Petroleumlampen sorgten zusätzlich dafür, dass den Arbeitern schnell die Luft ausging. Die allgemeine Hitze und der immer dampfige Regenwald sorgten ebenfalls für wenig angenehme Arbeitsbedingungen. Durch den engen Schacht wurden während der ganzen Ausgrabungszeit über 300 Tonnen Steinschutt mühselig nach oben befördert. Erst nach ca. 1 Jahr wurden in entsprechender Tiefe bereits vorhandene Luftschächte entdeckt und geöffnet, das erleichterte die Arbeit merklich. Nach 26 Stufen wurde der Boden ebenerdig und es zeigte sich ein Absatz, der dann den Abstieg der Treppe in entgegengesetzter Richtung weiterführte. Nach weiteren 23 Stufen endete die Treppe an einer gemauerten Wand. Dort wurden einige Schmuckstücke aus Jade gefunden. Obwohl Ruz nun schon fast an der Basis der Pyramide angekommen war, wusste er dennoch: das kann es nicht gewesen sein. Der Durchgang wurde geöffnet und ein schmaler Korridor mit dem mayatypischen Kraggewölbe tat sich auf. Darin wurden 6 menschliche Skelette (5 Männer und 1 Frau) geborgen. Ruz stand dann vor einer Art dreieckiger Felsentür, die die Größe des Gewölbes komplett ausfüllte. Da keine Mechanik gefunden wurde, blieb wieder nur reine Muskelkraft übrig. Mehrere Männer schoben am Sonntag, den 15. Juni 1952, die gigantische Tür zunächst nur einen Spalt breit zur Seite. Licht drang hinein und Ruz sah das Unglaubliche. Er hatte die Krypta entdeckt und schilderte das später in seinen Niederschriften: „Ich blickte in eine Art von Eisgrotte, an den Wänden und am Boden glitzerte es wie Eiskristalle. Von der Decke hingen ganze Vorhänge von Stalaktiten (Tropfsteine), als ob es dicke tropfende Kerzen wären." In der Mitte der Kammer stand ein mächtiger Steinsarkophag, den eine riesige skulptierte Steinplatte bedeckte. Dieser Anblick musste die kühnsten Träume eines Archäologen übersteigen. Natürlich drängte es die Männer in das Innere der Krypta, die 1,5 m unter dem Niveau des Platzes liegt. Dazu wurde die Felsentüre weiter aufgestemmt und um sich im Inneren des Raumes mit einer Größe von etwa 7 m Höhe, 9 m Länge und 3 m Breite überhaupt bewegen zu können, wurden alle Tropfsteine von der Decke abgeschlagen. Den größten Teil des Raumes nahm der Sarkophag mit seiner Abdeckplatte ein, die schon alleine eine Abmessung von 2,20 m Breite, 3,80 m Länge und 23 cm Dicke zeigt. Die Darstellungen der Stuckreliefs an den Wänden schienen wie eine Art Wächter zu sein und sie waren stellenweise ebenfalls mit einer glitzernden Kalkschicht überzogen. Auf einem Altar wurden weiterhin zwei wunderbare etwa lebensgroße Köpfe aus Stuck gefunden. „Abgesehen von dem künstlerischen und archäologischen Schatz, den die geheime Kammer des Tempels der Inschriften birgt, ist ihre Entdeckung so wertvoll, weil sie uns zeigt, dass die Pyramide einem doppelten Zweck diente: einen Tempel zu tragen und ein dem Volk verborgenes Heiligtum zu bergen, in dem man die geheimsten und wichtigsten Riten der Mayareligion zelebrierte."

Ich kann mich noch gut erinnern, als die erste Begegnung mit dem Reiseleiter Uwe Rolli stattfand in einem Hotel in Playa del Carmen. Da war das auch so ziemlich meine erste Frage, ob in Palenque auch der Besuch der Pyramide der Inschriften möglich wäre mit Besichtigung der Grabkammer. Er meinte nur, das müssten wir vor Ort abklären, es komme immer darauf, ob gerade Restaurationsarbeiten anstünden, dadurch könnten Gebäude gesperrt sein, und natürlich auch welche „Nase" gerade zuständig sei. Auch hier scheint wie überall zu gelten, die richtigen Beziehungen sind die Türöffner. Jeden Tag aufs Neue habe ich die Hoffnung in mir getragen, dass es bitte möglich sein möge, in das „Innerste" eintreten zu können. Bei der damaligen Reise war Palenque die vierte Reisestation. Nach einer sehr langen Busfahrt sind wir am Abend im Hotel Villas Kin Ha etwas außerhalb von Palenque-Stadt angekommen. Erst im Restaurant zum Abendessen wurde ich mir über meine innere Aufregung bewusst, die sich in all den Tagen ganz heimlich hochgeschaukelt hatte. Mein Magen rebellierte beim Anblick der Speisekarte. Da ich allgemein zu den Menschen gehöre, denen ein Frühstück nicht unbedingt wichtig ist, wusste ich auch, dass ich meinem Körper keine Gefälligkeit damit erweise, jetzt nicht zu essen und so habe ich mich dennoch für eine Suppe nach Art der Maya entschlossen, diese wurde dann mit Avocadostückchen serviert. Diese Suppe war dann für mich viel mehr als nur eine Suppe, sie ist bis zum heutigen Tag ein ganz persönlicher Indikator der Wiedererinnerung. Ich denke, ich war schon über 20 Jahre alt, als ich die ersten Avocado und Mango gegessen hatte, mit dem Ergebnis, diese sofort ganz oben als Favoriten auf meinem persönlichen Speisezettel zu setzen. Doch als ich die Mayasuppe in Palenque gegessen habe, da hatten auch meine Geschmacksnerven eine Wiedererinnerung. Da wusste ich mit absoluter Sicherheit, das kenne ich, wenn auch aus einem früheren Leben, denn ich war bestimmt mal ein Maya gewesen. Dieses einmalige, wenn auch geschmackliche Erkenntnis sorgte dafür, dass meine innere Aufregung nicht weniger wurde und als unser Reiseleiter nochmal die Zeit für das Frühstück und die Abfahrt zur archäologischen Zone bekannt gab, da war nur noch Herzklopfen in mir und ich wollte jetzt nur bei mir sein. Ich hab mich sogleich von der Gruppe verabschiedet und bin zu Bett gegangen und erstaunlicher Weise habe ich in dieser Nacht sehr gut und tief geschlafen. Am Morgen unter der Dusche war mir dann klar, ich wollte so lange wie nur möglich in den Ruinen sein und ich wollte zur Grabstätte von Pacal Votan. Alles dafür Notwendige fand Platz in meinem Rucksack, genügend Wasser, Studentenfutter für alle Fälle, Regenschutz und mein Lieblingskristall, ein faustgroßer Rutilquarz. Vom Hotel aus sind es zum Eingang der archäologischen Zone von Palenque nur wenige Kilometer, die wir dennoch mit dem Reisebus zurücklegten. Unser Reiseleiter besorgte die Eintrittskarten und meinte dann, es sei nicht möglich, die Grabkammer zu besichtigen. Die Enttäuschung in mir war natürlich sehr groß. Mein Verstand begann zu rebellieren und hämmerte nur: „So viele Tausende von Kilometern, so eine lange Reise und dann das. Warum kann man das nicht schon in Deutschland buchen? Wenn ich das gewusst hätte, ich glaub ich wäre gar nicht angereist und...".

Wir hatten noch ein wenig Zeit für die Souvenirstände. Vor Ort sind mir dann gleich die <Lakandonen> (ein noch bestehender Mayastamm, siehe Bild Nr. 4) mit ihren langen schwarzen Haaren und den weißen

Kleidern aufgefallen. An ihrem Verkaufsstand wurde ich sofort von einer Rassel wie magisch angezogen. Diese war aus einer Kalebasse gefertigt worden mit einer Schnitzerei darauf vom Angesicht des <Pacal Votan>, angeblich der letzte Herrscher von Palenque. Ich nahm sie gleich in die Hand und nach nur wenigen Bewegungen, die ein sehr angenehmes Rasseln hervorbrachten, wusste ich, diese Rassel wollte zu mir. Als ich bezahlte, da lachte mich noch sozusagen ein kleiner handgeschnitzter, gefleckter Jaguar an. Die beiden Sachen wurden in Papier gewickelt und verschwanden als neue Begleiter in meinem Rucksack. Als wir den Haupteingang passiert hatten, sah ich schon bald durch das Blätterwerk des Regenwaldes die Ruinen blinzeln. Alleine das schon ließ mein Herz wieder höher schlagen. Die Pyramide der Inschriften (siehe Bild Nr. 5) konnte ich gleich ausmachen, denn sie war mir bereits durch Fotos bekannt und schon lange wie ein fest bestehendes Bild in meinem Kopf verankert, das nun Wiedererkennungswert besaß. Sogleich wollte ich hinstürmen, doch die Gruppe fand zunächst einen Platz im Schatten unter einem Baum, um noch einige Informationen von unserem Reiseleiter Uwe zu erhalten. Als ich meinen Rucksack absetzte, war ein kleines Rasseln zu hören, natürlich von der eben erstandenen Rassel mit dem Gesicht von Pacal Votan und mit diesem Moment geschah es, dass ich die Präsenz von Pacal Votan, oder wie immer er auch genannt wird, so stark spürte, als ob er direkt neben mir stehen würde. Ich dachte nur: „Aha, so läuft das jetzt, es ist also gar nicht notwendig, auf jede Pyramide zu steigen, um Kontakt zu bekommen." Unser Reiseleiter erklärte uns zunächst einmal, dass der Baum, unter dem wir uns befänden, ein besonderer sei, nämlich eine <Yax Ché> oder eine Ceiba, bei uns besser bekannt als Kapokbaum. Die Bedeutung des Mayanamens lautet so viel wie Erster Baum oder Grüner Baum und war für die Maya gleichbedeutend mit der Weltenachse oder dem Weltenbaum. Dieses Denken war mir bereits aus den nordamerikanischen Lehren der Indianer bekannt und es gab mir wiederum ein gutes Gefühl, mich in der Mitte zu wissen, welches mich mit dem Zentrum der Welt, dem kristallenen Herzen der Erde und dem Himmel, dem galaktischen Zentrum, verband. Das gab mir die Kraft, noch einmal vor der gesamten Gruppe die Frage zu stellen, ob es nicht doch möglich sein könnte, in das Innere der Pyramide zu kommen, um die Krypta zu besuchen. Ein Kopfschütteln von Uwe war lediglich die Antwort. In mir hämmerten wieder meine Gedanken: „Palenque, meine große Sehnsucht" und eh ich in weiteres Selbstmitleid versinken konnte, war da schon der nächste verbale Schlag, denn Uwe sagte: „Palenque ist überhaupt nicht der richtige Name, das wurde erst mit den Spaniern gebräuchlich. Dieser Name bedeutet lediglich so viel wie umzäunter, befestigter Platz. Mit vielen Orten in Mexiko ist das leider so geschehen und oftmals sind die ursprünglichen Namen in der breiten Öffentlichkeit gar nicht mehr bekannt. Es kann aber auch sein, dass die Namen noch da sind, aber die Bedeutung, besonders die philosophische Bedeutung der Namen, ist nicht mehr bekannt." Irgendwie niedergeschmettert ließ ich meinen Kopf hängen und ich sagte zu mir. „Also das auch noch, ich suche Maya und finde die Verwirrung, die die Spanier hinterlassen haben. Wo bin ich dann hier?" Dabei schaute ich mich um, als gäbe es hier irgendwo ein Schild, nachdem ich nur zu suchen brauchte und auf dem dann die Wahrheit stand. Mein Blick tauchte in die Baumkrone über mir ein und ich schaute zu, wie dort der Wind und die Sonnenstrahlen miteinander spielten, dann versuchte ich wieder Uwe und seinen Worten zu folgen, die sich immer noch um Sprache und Philosophie drehten und plötzlich sagte er: „Der wirkliche Name dieser Tempelstadt lautet: <Na-Chan-Caán> das kann soviel bedeuten wie: Na = Mutter oder Na = Haus oder Na = Wurzel oder Na = Ursprung. Die Bedeutung für Chan = klein oder auch Schlange und die Bedeutung für Caán = Himmel. Also ihr seht, Worte haben mehrere Bedeutungen, sucht Euch was aus, oder geht nach dem Sinn, der in Euch Resonanz findet. Ich biete Euch an: Ort der kleinen Schlangen oder Haus der himmlischen Schlange oder philosophisch gesehen: Wurzel des kleinen Himmels oder viel schöner: Kleines Universum, denn das Universum ist immer mit der Milchstraße verbunden, die auch gerne mit einer Schlange verglichen wird, und das Universum ist auch unser Ursprung. Es gibt keine Mayastätte, in der nicht das Universum seinen Platz hätte. Mal sehen, welches Wissen wir noch vom kleinen Universum erhalten werden!" Sogleich erfolgte die Aufforderung, einige Treppen zu einem Gebäude mit einem Steinschädel, welcher bereits von unten sichtbar war, emporzusteigen. Wie immer begann ich zu zählen. Es waren 52 Stufen. Oben angekommen erfolgte eine Meditation mit der gesamten Gruppe, um uns auf den Ort einzustellen, aber viel wichtiger, es wurde dadurch eine Verbindung zu den Hütern des Ortes hergestellt. Sobald sich unsere Hände aus dem Kreis wieder gelöst hatten, begannen alle Teilnehmer sogleich wieder mit dem Abstieg. Mich hat es damals aber sofort zu dem Steinschädel hingezogen. Ich setzte mich auf eine Stufe, den Schädel im Rücken und hörte dabei wieder das Rasseln aus meinem Rucksack und im selben Moment berührte mich ein Windhauch an meiner Wange gleich einem sanften Streicheln. Ich sah zwar zu, wie die Gruppe den Weg wieder nach unten fand, aber irgendwie hatte ich das Gefühl, dennoch nicht hier zu sitzen, eher so, als würde ich einen Film anschauen. Irgendwie schien das, was da mit mir ablief nicht von dieser Welt zu sein. Ich überlegte, wie vielen Menschen vor mir das wohl schon so ergangen war und ob das genau die Stelle ist, an der schon Morton und Thomas saßen, die Autoren vom Buch „Die Tränen der Götter". Erst als alle unten waren und in Richtung zum Tempel der Inschriften gingen, konnte ich mich wieder erheben, dabei habe ich mich noch mal dem Steinschädel zugewandt, mit einem kleinen Kopfnicken habe ich mich von ihm verabschiedet und dann war da eine Art Aufforderung, den Stein zu berühren, die von ihm selbst ausging. Ich berührte mit meiner linken Hand die Stirn des Stein-schädels und sogleich kam mir wieder die 52 in den Sinn: „52 Jahre ist ein Mayazyklus, dann beginnt es wieder von vorne, dann treffen sich Geburtsdatum und KIN (Tagesenergie in der Maya-Zeitzählung) wieder. Doch wenn etwas Neues beginnt, muss vorher etwas vollendet werden oder eben sterben. Alles ist immer gleichzeitig!" Gut, damit war nun klar, warum es möglich ist, gleichzeitig mit der Beobachtung im „HIER" zu sein und dennoch mit der „WAHRNEHMUNG" den persönlichen Antennen zu folgen, die absolut sicher waren, das alles schon einmal in einer anderen Zeit gesehen zu haben.

Die Gruppe stand nun direkt vor dem Tempel der Inschriften und ich eilte die Treppen herunter, um den Anschluss zu bekommen, was mir sehr leicht fiel. Man muss beim Aufstieg, wie beim Abstieg der Pyrami-dentreppen nur schräg gehen, wie eben am Berg, auch irgendwie klar,

dass ich das schon immer wusste und deshalb galt es nur auf die Höhen-
unterschiede der Stufen selbst zu achten. Direkt vor der Pyramide war eine
Informationstafel am Boden angebracht, die Auskunft darüber gab, wie
der Querschnitt der Pyramide aussieht (siehe Bild Nr. 6) und somit auch,
wo sich die Krypta befand. Zu meinem Erstaunen entsprach das ungefähr
dem Niveau der Grasnarbe, als würde man fast davor bzw. darüber stehen.
Mir war klar, da war noch mehr, doch das wollte ich später alleine, ohne
Gruppe, wahrnehmen und folgte einfach weiter zum nächsten schattigen
Platz, einer Steintreppe und dem Blätterdach am Rand des Dschungels.
Unser Reiseleiter erklärte uns dort anhand einer Zeichnung auf Leder, die
er sich eben schnell von einem der fliegenden Händler ausgeliehen hatte,
die Abbildung der Grabplatte (siehe Bild Nr. 15 und rechts).

„Die Entdeckung der Grabkammer von Alberto Ruz Lhuillier im Jahr
1952 mit dem Sarkophag samt seinem Deckel, der als die Grabplatte von
Palenque auf der ganzen Welt für Aufsehen sorgte. Später nannte Erich von
Däniken diese Figur: <Der Raumfahrer von Palenque> und José Argüelles
nannte ihn den <Chrononauten, den Navigator der Zeit>; und dann gibt es
da noch die Überlegung <Die Frau im grünen Jaderock in Gebärhaltung>."
All diese Informationen begannen als Bilder in meinem Kopf regelrecht
herumzupurzeln. Gleichzeitig setzten einige Insekten des Regenwaldes,
ich nehme an, es waren Zikaden, zu einem schrillen Konzert an. Wirklich
unglaublich, wie diese kleinen Tiere einen solch schrillen Ton hervorbrin-
gen können, der langsam beginnt, immer lauter und schneller wird und
sich regelrecht hochschraubt. Dann war da wieder nur der Wunsch, diese
Platte in ihrer gesamten Größe „in echt" selbst sehen zu können. Dann
sagte Uwe: „Ich habe einen persönlichen Wunsch, bei dem es aber erfor-
derlich ist, die ganze Gruppe zu haben und ich hoffe sehr, dass wir das
dann auch machen dürfen. Wir müssen hierfür zur Kreuzgruppe gehen.
Bitte folgen!" Überaus neugierig, wie die meisten in der Gruppe, folgten
wir einem etwas steilen Aufstieg wieder durch das Blätterdach des Regenwaldes hindurch. Oben angekommen zeigte sich eine Lichtung umgeben
von 3 Pyramiden über Kreuz angeordnet. Klar, wenn etwas über Kreuz ist,
sollten es eigentlich 4 sein. Also mir war gleich klar, da fehlt noch etwas,
jedenfalls war es das, was ich damals wahrgenommen habe.

In der Mitte des Platzes befand sich wieder ein großer Baum, ein Brotbaum, der zu gegebener Zeit mit seiner Fülle im wahrsten Sinne des Wortes einfach um sich wirft. Eine große Frucht fällt herunter, zerbricht und es erscheinen viele kleine durchaus essbare Bällchen. Gleich daneben ist eine aus Stein gebaute Empore mit einem fast runden Hocker aus Stein darauf (siehe Bild Nr. 9). Uwe klärte uns auf: „Das ist eine Art Altar. An dieser Stelle wird in Verbindung mit der geistigen Welt darum gebeten, Eintritt zu diesen drei heiligen Stätte zu erhalten, die im Inneren alle Darstellungen eines Kreuzes zeigen. Spätestens hier wird klar, die Maya kannten das Kreuz und seine Bedeutung schon, bevor die christlichen Missionare es ihnen im Namen der Kirche aufdrücken wollten. Ich habe mir schon immer gewünscht, mit einer Gruppe von Menschen einen Kreis um diese Plattform zu bilden, bisher waren wir aber immer zu wenige Teilnehmer, so dass die Spannweite nicht ausreichte. Jetzt sollten wir genug sein und es freut mich sehr, das mit Euch zu verwirklichen und auch teilen zu können. Lasst uns einen Kreis bilden und uns die Hände geben. Legt Eure Taschen einfach unter den Baum." Ich fand meinen Platz, ohne eine Pyramide im Rücken zu haben, damit konnte ich alle Gebäude um mich herum gleichzeitig wahrnehmen. Schnell hatte sich die Gruppe zu einem Kreis um die Plattform herum formiert und miteinander verbunden. Die Energie, die nun im Kreis zu fließen begann, war sehr stark und ich sah in einem geistigen Bild in mir, wie ein Lichtpartikel aus dem kleinen runden Steinhocker entsprang und den Weg in die Spirale fand, um sich mit ihr langsam nach oben zu schrauben, und wieder unterstrichen die Zikaden das mit ihrem Konzert. Plötzlich war es für mich so, als würde zunächst dieser Altarplatz mit den Menschen in diese Lichtspirale eintreten, dann der gesamte Platz, jedenfalls die uns umgebenden Pyramiden. Die Töne aus dem Urwald und die Stimmen der anderen Touristen verschwammen zu einem gemeinsamen Summen, das prinzipiell nicht mehr zu orten war, es war überall gleichzeitig. Gerade als ich „abheben" wollte, um meine Reise in das Universum auf dem Weg der Lichtspirale anzutreten, da vernahm ich einen Händedruck und das war wie immer die Aufforderung, den Kreis zu lösen. Langsam kam ich wieder hier an und schaute in die Runde der Gesichter dieser Reisegruppe. Verklärte Gesichter, liebevolle Augen und dankbares Lächeln spiegelten sich mir. Dann zwangen mich einige organisatorische Worte von Uwe wieder in meine reale Aufmerksamkeit. Wie immer beim Besuch von archäologischen Zonen war nun die Zeit gekommen, auf eigenen Spuren zu wandeln. Ich setzte meinen Rucksack wieder auf und folgte meiner Intuition, um zu sehen, was es hier noch zu entdecken gab, aber auch um wieder dorthin zu gehen, wo bereits der Ruf auf mich wartete. Oben auf der Pyramide im Tempel des Kreuzes wurde mir klar, warum das hier die Kreuzgruppe war. Nicht wie ich zunächst angenommen hatte, dass hier die Gebäude über die Kreuzform angeordnet wurden, sondern vielmehr, weil in jedem dieser Tempel ein Kreuz in einer Reliefdarstellung zu finden war. Zusätzlich verspürte ich den Drang, mir auch die Rückseite des Tempels anzusehen. Hier konnte ich ein wenig für mich sein und ging wieder meiner Erfahrung nach, die Steine zu berühren, um ihre Botschaften zu empfangen. Ich formte ein Dreieck mit meinen Fingern und legte dann meine Hände in Augenhöhe auf die Steinwand vor mir, um dann dort mit meinem „dritten Auge" darin einzutauchen. Nach einigen Atemzügen war es wohl die geistige Welt, die wieder zu sprechen begann: „Nimm einfach die Energie auf, tanke das Wissen und wenn Du es brauchst, wird es Dir zur Verfügung stehen. Verlasse Dich darauf!" In löste mich vom Stein und folgte meinen langsamen Schritten zum Rand der Pyramide hin, dem wohl schönsten Aussichtspunkt der ganzen Anlage. Hier ist es möglich, in das satte Grün des Dschungels zu blicken, geradeso, als würde man in den Sternenhimmel schauen. Diese herrliche Weite, wirklich, hier ist das Universum auf der Erde gegenwärtig. Der Palast des Windes zeigt hier sein gigantisches Ausmaß und wie ich ihn in seiner Größe bewundern will, da war es so, als ob er mich ruft, und mich einlädt, nun zu kommen (siehe Bild Nr. 11).

Hier verspürte ich eine besondere Resonanz, denn ich selbst bin nach der Maya-Tageszählung ein Weißer Wind, der auch mit dem Symbol des <T> dargestellt werden kann, und hier wimmelte es nur so von diesen <T>. Sie tauchen in der Form von Fenstern und Nischen auf (siehe Bild Nr. 12–14). Ich konnte nicht genug von ihnen zu sehen bekommen und entdeckte fast auf Schritt und Tritt immer wieder eines. Einige umbaute Innenhöfe spendeten dann doch den ersehnten Schatten und nach einer Brotzeit mit reichlich Trinkwasser wurde mir der vorgegebene Zeitplan wieder bewusst. Ich ging die Stufen des Palastes hinunter in Richtung zum Tempel der Inschriften, der ja vorhin auch schon seine Einladung ausgesprochen hatte. Da entdeckte ich zu meinem Erstaunen einige Touristen oben auf der Pyramide, gerade so, als würden sie einmal rundherum laufen wollen. Damit war ich nun der Meinung, dass es wohl doch möglich wäre, die Pyramide zu besteigen, um wenigstens den oberen Tempel zu besichtigen. Sogleich machte mich auf den Weg zum Aufgang, der auf der Rückseite der Pyramide lag. Dort angekommen fand ich nur ein Seil und Schild vor, das daran baumelte um anzuzeigen: Durchgang verboten. Vielleicht geht es doch nur von vorne? Ich kehrte um und als ich an der Frontseite war und an den steilen Stufen nach oben schaute, sah ich absolut niemand mehr! Dann hörte ich meinen Namen rufen und drei Teilnehmer aus der Reisegruppe fragten mich, ob ich nun mit ihnen den Weg über den Wasserfall zum Museumsausgang nehmen möchte, denn das wäre jetzt nur noch eine gute Viertelstunde möglich, dann würde dieser Ausgang gesperrt werden. Sicherlich, den Wasserfall wollte ich sehen, denn auch von ihm hatte ich schon in Deutschland gehört. Meine Frage, ob sie denn oben auf der Pyramide im Tempel der Inschriften waren, wurde sogleich verneint, ebenfalls mit der Erfahrung, dass es dort eine Absperrung gibt. Ich dachte mir nur: wirklich alles sehr seltsam und meinte dann schließlich, nachdem was ich schon alles erlebt hatte, wäre es vielleicht auch möglich, Menschen zu sehen, wo vielleicht gar keine waren. Gemeinsam machten wir uns nun auf den Weg, abwärts zu den Wasserfällen hin. Die Blicke ständig links und rechts vom Weg in den Urwald hinein, wo ein Baumriese nach dem anderen sein Stelldichein gab. Doch plötzlich war da ein urgewaltiges Röhren, direkt aus dem Dickicht des Regenwaldes, was uns alle zusammenzucken ließ. „Was ist das? Ein Jaguar? Der kann doch niemals so laut sein!" Dann verstärkte sich das Röhren in mehren Abständen und es war klar, das konnten nur mehrere Tiere sein. Ich fragte mich selbst, ob es hier auch solche Hirsche gibt wie bei uns, die zur Brunftzeit röhren, und wenn ja, ist die Paarungszeit dann jetzt? Hier verschieben sich doch die Jahreszeiten! Kommen die Hirsche den

Menschen überhaupt so nah? Vor uns standen einige Touristen auf dem Weg und sahen nach oben in das fast undurchdringliche Grün und ich hörte die Worte Monkeys. Jetzt war es mir klar, das waren Brüllaffen. Ich sah ebenfalls in das Blätterdach, konnte aber nichts erkennen und als das Röhren wiederkam, da war es inzwischen auch sehr viel weiter weg. Sicherlich haben wir, die Wanderer, die Affengruppe gestört und sie sind maulend davon gezogen. Der Weg selbst wurde immer zauberhafter und führte nun fast am Bach entlang, der aber immer einige Meter unter uns lag. Mir war klar, hier leben Naturwesen und sie fühlen sich hier bestimmt wohl. Das Rauschen des Wasserfalls selbst schien das zu bestätigen. Als wir direkt vor ihm standen, war das Schild mit Symbolsprache „Baden verboten" nicht zu übersehen. Irgendwie schade, aber auch gut, dann gehört dieses Reich ganz ungestört den Elfen und Wassernixen. So bleibt nur das Baden mit den Augen am herrlichen Anblick. Der Weg führte weiterhin bergab, vorbei an vielen weiteren unglaublichen Baumriesen, die meist wenige Meter über dem Boden eine reichliche Blütenpracht von unterschiedlichen Gewächsen und Blumen zeigten, die es bevorzugen, ihren Wirt mit bunten Girlanden zu schmücken. Dann war die Straße zu hören und sogleich tat sich der Ausgang auf mit dem Blick auf den grauen Asphalt. Nach wenigen Metern auf der Straße war sofort bemerkbar, das war eben mehr als nur ein Ausgang, das war, als hätte man eine andere Welt hinter sich gelassen. Sogleich rauschte auch schon ein kleiner weißer Bus an uns vorbei, hupte einige Male sehr kräftig und signalisierte damit, im Kollektivtaxi gibt es noch freie Plätze. Da hoben wir alle die Hände, es stoppte und wir konnten für nur wenige Pesos mitfahren. Am Hotel angekommen war klar, dass nun eine Abkühlung im Swimmingpool fällig war und der Weg zu unseren Zimmern führte direkt daran vorbei. Dort war bereits schon die halbe Gruppe versammelt und wir wurden mit den Worten begrüßt: „Schnell kommt zu uns, Susanne hat was Spannendes zu erzählen!" Da war ich natürlich mehr als neugierig. Schnell hab ich mich umgezogen, um sofort bei der Gruppe um Susanne zu sein. Ich wurde gleich mit den Worten empfangen: „Stell Dir vor, Susanne war in der Grabkammer." Ich hatte das Gefühl, mir zog es die Füße unter dem Boden weg. Bloß gut, dass man im Wasser nicht fallen kann. Ich fragte gleich: „Wer noch?" und Susanne erzählte nochmals ihre Geschichte: „Ich stand an einem Souvenirstand bei einem der fliegenden Händler direkt neben der Pyramide, als ich einige Touristen oben auf der Pyramide sah. Ich bin einfach hoch. Oben winkte mich gleich ein Aufseher zu sich her und fragte mich auf Spanisch, jedenfalls soweit ich das verstehen konnte, ob ich zu einer Gruppe gehöre. Da nickte ich. Er deutete mir, dass ich nach innen gehen sollte und da sah ich gerade noch jemanden in der Treppe, die nach unten führt, verschwinden. Schnell bin ich dieser Person gefolgt. Auf dem Weg nach unten habe ich dann mitbekommen, dass es wohl eine Sondergenehmigung für Gruppen gibt, die dann 20 Minuten für die Besichtigung gültig ist. Der Weg nach unten ist nicht einfach und unten angekommen konnte ich mich nicht nach vorne drängen, denn dann hätten die ja bemerkt, dass ich gar nicht zu ihnen gehöre. Ich war zwar unten, aber wirklich gesehen habe ich nicht viel. Als die Gruppe den Weg wieder nach oben genommen hat, bin ich schnell voraus gelaufen und war somit als Erste wieder oben. Wir müssen das beim Abendessen unserem Uwe erzählen!" Ich hab sogleich bestätigt, dort oben auch Menschen gesehen zu haben, und gleichzeitig wusste ich in mir, es darf sein, du wirst die Krypta besuchen können.

Unser Reiseleiter hat selbst voll Erstaunen diese Neuigkeit aufgenommen und er hat dann angeboten, am folgenden Tag vor unserem Ausflug zu den Wasserfällen Misol Ha und Aqua Azul erst wieder mit dem Bus zum Eingang der archäologischen Zone von Palenque zu fahren, um dann dort im Verwaltungsbüro selbst und eben nicht nur im Kassenbüro nachzufragen. Ein sehr guter Vorschlag, der auch am nächsten Tag genauso durchgeführt wurde. Doch ich war dermaßen aufgeregt, wie schon lange nicht mehr in meinem Leben. Angefüllt von großer Vorfreude und mit einem spürbaren Hauch von Abenteuer habe ich erstaunlicherweise wieder sehr gut geschlafen. Es stellte sich heraus, dass grundsätzlich nur Gruppen mit Genehmigung die Krypta besuchen durften. (Anmerkung: Jetzt ist diese Besichtigung gar nicht mehr möglich, denn im Museum gibt es inzwischen eine originalgetreue Nachbildung). Die Zeit, die dafür vorgegeben wurde, waren 20 Minuten, und das war auch nur während der Stunde vor Torschluss am Abend möglich. Das bedeutete für uns, wir hatten Glück und waren an diesem Tag die 2. Gruppe, was mit großem Jubel der ganzen Gruppe aufgenommen wurde und für mich ganz speziell bedeutete, um 16.20 Uhr einen Termin mit Pacal Votan zu haben! Genau so war damals die Energie für mich, als hätte ich in wenigen Stunden das lang ersehnte Rendezvous mit dem Geliebten. Hört sich vielleicht seltsam an, aber genau so waren damals meine Empfindungen.

Die Zeit an den beiden Wasserfällen war sehr kräftig. Allgemein lassen herunterstürzende Wassermassen unter großem Getose die Zeit sehr schnell vergehen, doch ich lebte in diesen Stunden fast wie in Zeitlupe. Die Zeit schien fast nicht vergehen zu wollen, obwohl sie auch noch etwas gedrängt war, da ja die Zeit für den Tagesausflug etwas gekürzt werden musste, was sich letztlich noch bemerkbar machte. Plötzlich entstand ein Zeitdruck und wir hatten allergrößte Mühe, rechtzeitig an den Ruinen von Palenque sein. In Windeseile stürzten wir alle am Parkplatz aus dem Bus heraus und spurteten durch den Eingang an der Kasse vorbei direkt zur Pyramide der Inschriften. Dort am rückwärtigen Aufgang angekommen eilten wir sofort die steilen Stufen hoch, um dann oben vollkommen ausgepumpt anzukommen. Es waren sicherlich über 30 Grad und es herrschte zugleich eine Luftfeuchtigkeit von nahezu 100 %. Aber ich war ja nicht die Einzige, die mit diesen Umständen zu tun hatte. Der Aufseher machte uns sofort darauf aufmerksam, dass es verboten sei, sich an die Wände anzulehnen, und er wollte auch nicht, dass wir von unten gesehen werden. Er lenkte uns in einen inneren Raum im Tempel, um dort auf die Gruppe zu warten, die vor uns an der Reihe war. Wir nutzten das und haben uns im Kreis versammelt, um hier noch kurz zu meditieren. Dieser Energiekreis war fast überirdisch kraftvoll, das pochen von Puls zu Puls war zu spüren und schien sich extra zu verstärken. Dann kam der Aufseher wieder auf uns zu und meinte, die Gruppe vor uns würde gleich erscheinen, dann wären wir an der Reihe, nur wären wir eindeutig zu viele und wir müssten uns aufteilen. Normalerweise lasse ich gerne mal den Vortritt, aber hier wusste ich spontan, Du musst bei den ersten sein. Ich hab mich gleich in Richtung

Abstieg bewegt und gewissermaßen angestellt. Dann hörten wir einige Menschenstimmen und kurz darauf erschien eine vollkommen durchgeschwitzte Touristengruppe, die oben angekommen, sich erst einmal auf ihr Gepäck, das in einer Ecke lag, und die sich darin befindenden Wasserflaschen stürzte. Wir sahen uns alle nur an, denn das war im Grunde genommen das, was keiner von uns dabei hatte, unser Gepäck hatten wir natürlich im Bus gelassen, was bezüglich unseres Wettlaufes hierher auch sinnvoll war, doch was würde uns erwarten, wenn wir unten waren und dann wieder hochkommen würden? Es war eh so, wie es war und viel Zeit, irgendetwas zu überlegen, gab es nicht, denn schon wurde der erste Teil unserer Gruppe aufgefordert, nun die Stufen hinabzusteigen.

Das Licht war nur sehr schummerig, die Stufen sehr glatt und feucht. Eine große Herausforderung, schnell und vorsichtig zu sein. Je schneller der Abstieg, umso mehr Zeit dort unten. Dann kam ein Absatz und ich dachte schon wir sind unten, aber das war nur wie eine Kehre und in einer Wendung ging es nochmal einige Stufen nach unten. Jetzt wurde es mit jeder Stufe abwärts merklich heißer und die Luft stickiger. Dann standen wir wie vor einer Art geöffneter Dreiecktür aus Stein. Links davon die Krypta mit einem Gitter davor und nur sehr sparsam beleuchtet. Es war nur möglich, zu zweit oder zu dritt an der Stufe zu stehen, die Einblick in das Innerste gewährte. Das bedeutete nun doch geduldvoll anstehen, denn beim Abstieg hatten mich die, die weniger vorsichtig waren oder auch einfach nur die längeren Beine hatten, überholt. Die Wände waren komplett nass und auch ein Anlehnen unmöglich, obwohl ich selbst nur am Auslaufen war und aus allen Hautporen schien das Wasser nur so heraus zu spritzen, gerade wie in einer Biosauna. Ich pumpte wirklich erstmal vor mich hin und als ich an der Reihe war, da war es absolut überwältigend. Mit meinem faustgroßen Rutilquarz in der Hand stand ich nun vor dieser gigantischen Grabstätte aus Stein. Der Deckel des Sarkophags war angehoben, das Innere war trotz spärlicher Beleuchtung als rötlich schimmernd zu erkennen. Die Reliefzeichnung kannte ich bereits und versuchte bewusst die Konturen der Abbildungen wahrzunehmen. Aber das war auch schon alles, was mein Verstand aufnehmen konnte. Dann bin ich einfach auf die Knie gegangen und mit dem Pochen meines Herzens brachte ich jedes Mal ein gedachtes Danke hervor und dann sprach ich und einige mit mir dreimal hintereinander „AH YUM HUNAB KU EVAM MAYA E MA HO!" Ich bin dann wieder aufgestanden und habe unaufhörlich weiter in meinem Geiste dieses Maya-Mantra benutzt, was so viel bedeutet wie: Ich bin Eins mit der Schöpfung und allem Sein. Ich stellte mich in die Ecke, damit auch die anderen noch den Anblick genießen konnten und ich dennoch möglichst lang die Energie von Pakal Votan, oder wie er richtig heißt K'inich Janaab Pakal, genießen konnte. Er soll wirken wie ein Sprachrohr aus Stein. Ich glaube, ich habe damals schon eine gute „Standleitung" zu ihm aufgebaut. Wie gesagt, wenn es überhaupt einen Mann darstellt, der auf der Grabplatte abgebildet ist. Es kann auch die weibliche Kraft der Geburt darstellen in Verbindung mit dem Geistigen. Mein Körper drängte mich zu gehen, denn er wusste, nur oben gibt es frische Luft, doch ich konnte mich fast nicht wegbewegen. Wirklich so wie bei einem Abschied von einem lieben Menschen, wenn man weiß, ihn lange nicht mehr sehen zu können, und so ist es auch gekommen. Ich war schon einige Male wieder in Palenque, aber nie mehr ist es mir gelungen, die Krypta zu besuchen, sie war stets wegen Renovierungsarbeiten geschlossen. Inzwischen weiß ich auch, was gemacht wurde. Die komplette Grabkammer wurde original nachgebaut und ist jetzt im Museum vor Ort seit Oktober 2007 zu besichtigen, was ich jedem nur empfehlen kann, der Palenque besucht. Damals fand sich der Weg nach oben recht zügig und die frische Luft war wirklich ein Segen. Gleich oben angekommen wurde mir ein Flasche Wasser entgegengestreckt. Einige Teilnehmer, die eben für die zweite Gruppe eingeteilt wurden, waren so lieb und haben die Zeit genutzt, Wasser zu besorgen, woher auch immer von den fliegenden Händlern oder doch aus unserem Reisebus, für mich war es fast so etwas wie eine Rettung und selten in meinem Leben habe ich Wasser mit so viel Dankbarkeit getrunken. Ein Grund mehr, warum Palenque für mich der Ort der Dankbarkeit ist. Ich komme gerne wieder, denn die Gedanken der Erinnerung erzeugen immer wieder aufs Neue eine brennende Sehnsucht in meinem Herz.

VERBINDUNG MIT DER GEISTIGEN WELT

Die Sprache, die im Dunkeln leuchtet

Im Moment, wo diese Zeilen geschrieben werden, ist der Morgen noch nicht angebrochen. Wieder einmal haben mich eine innere Unruhe und eine besondere Kraft gegen 3.00 Uhr wach werden lassen. Meist beginnt dann eine innere Stimme mit mir zu sprechen: „Du brauchst Dich nur zu erinnern, es war schon immer da. Du musst nur das größere Muster erkennen. Alles ist Eins. Erkenne die Zusammenhänge. Begebe Dich in die Vertikalität, lass die Resonanz wirken. Hab Vertrauen, Du wirst geführt." Mit diesen oder ähnlichen Worten kam die Kraft vor gut 13 Jahren zu mir. Zu Beginn war es einfach nur unerklärlich. Nach diesem „Weckruf" bin ich meist aufgestanden, um dann an meinen Bücherschrank zu gehen. Irgendein Buch fand sich dann in meinen Händen und größtenteils habe ich darin auch eine für mich wichtige Mitteilung gefunden. Fast immer stellte sich dann auch das Gefühl ein, etwas gut gemacht zu haben, und mit dieser gewissen Zufriedenheit bin ich dann in mein oft noch warmes Bett zurückgekehrt, um dort sehr schnell wieder den Schlaf zu finden.

Heute nenne ich diese Kraft meine Verbindung zur <geistigen Welt>. Sie weckt mich immer noch, aber eher weil sie inzwischen immer da ist. So lass ich mich führen, oder aber ich stelle entsprechende Fragen und bekomme direkte Antworten oder Hinweise. Manchmal ist auch die Antwort schon da, noch ehe ich die Frage richtig formuliert habe. Es kann auch sein, ich beginne einen Satz zu sprechen und die weiteren Worte, die ich dann spreche, sind irgendwie nicht meine, nennen wir es gesprochene Eingebung, die sogar mich selbst immer wieder in Erstaunen versetzt, weil es möglich ist, gleichzeitig zu sprechen und von dem Gesprochenen zu lernen. Früher habe ich gelegentlich geprüft, ob die Zusammenhänge und Inhalte, von denen ich unter diesen Umständen gesprochen habe, auch richtig sind. Sehr schnell bemerkte ich dann, nennen wir es ein „seltsames Spiel", das sich auf diese Weise zeigte, dass mich die <geistige Welt> oft auch zu den entsprechenden Stellen führte, wo es galt die entsprechenden Informationen zu finden, sei es in Büchern, Überschriften in der Tageszeitung, Nachrichten im Fernsehen oder Internet usw. Heute weiß ich, es ist immer absolut richtig und nur gelegentlich gehe ich noch tiefer forschen, weil ich selbst noch gerne Zusatzinformationen haben möchte. So finden sich noch weitere Zusammenhänge. Diese Botschaften können auch Dinge oder Themen aufzeigen, um die ich mich kümmern darf. Es kann dann auch sein, dass ich direkt von meiner <geistigen Welt> (spirituelle Präsenz der Maya) aufgefordert werde, bestimmte Themen und Inhalte z.B. in einem Vortrag weiterzugeben, oder wie es jetzt geschieht sicherlich auch in diesem Buch. Manchmal sehe ich dazu bereits alles klar vor mir oder es erscheint in einer Art Leuchtsprache vor meinem geistigen Auge. Wenn ich den Tzolkin betrachte, manchmal im Zusammenhang bei Einzelberatungen, kann es geschehen, dass es wie ein Netzwerk von Lichtpunkten darin aufleuchtet und mir damit Zusammenhänge aufzeigt, die rein logisch niemals erfassbar wären.

Ich bin mir sicher, das ist: **Die Sprache, die im Dunkeln leuchtet.**

Antonio Mediz Bolio beschreibt das in den Legenden der Maya mit folgenden Worten: „In den uralten Zeiten, die man die Zeiten der Sonne nannte, das heißt, als das wahre Licht auf Erden war, gab es Schriften im Mayab, dem Land der Maya. Man muss erwähnen, dass es von ihnen drei Arten gab. Die eine Schrift wurde von jenen, die die Dinge der Tiefe kannten, im Dunkeln geschrieben und gelesen. Diese Schrift war das wahre Licht, und deshalb wurde sie nie herausgetragen, damit die Menschheit, die nicht lesen konnte, von ihrem Glanze nicht erblindete. Von dieser Schrift der Uralten sagt man, dass sie von selbst leuchtete, um gelesen zu werden. Eine andere Schrift war aus Zeichen gemacht, die alle verstehen konnten, und aus ihr kamen die Lehren des allgemeinen Gesetzes. Sie diente auch dazu, um die Wege der Erde zu nennen und um für die Erinnerung festzuhalten, was vor den Augen der Menschheit geschah. Das war es, was man auf Steine schrieb, die man inmitten von Plätzen aufstellte und auf Wegen, die von einem Ort zum anderen führen. Jedes große Jahr hatte seinen hohen Stein, auf dem geschrieben stand, was sich in dieser Zeit ereignet hatte. Dann gab es noch eine andere Schrift, die aus bemalten und gemeißelten Figuren bestand. Manchmal stand sie mit der zweiten zusammen, und man konnte sie verstehen lernen. Und alle drei Schriften waren die Führung und das Merkmal des Geistes im großen Mayab und kennzeichneten die Folge der Zeiten."

DER MAYA-KALENDER

Das gespeicherte Wissen der Zeit, die kosmische Ordnung

Angebunden an ein künstlich erschaffenes 12:60 Zeitsystem, geschehen bereits zu den Zeiten von Babylon, sitzt die Menschheit in ihrem dreidimensionalen Bewusstsein gefangen. Die Stürme der Dualitäten toben auf dem Planeten Erde und bringen das irdische Leben an den Rand der Zerstörung. Da taucht aus der Geschichte die Kosmologie einer versunkenen Kultur auf, dargestellt in einem 13:20 Zeitsystem: **„Der Kalender der Maya oder das Wissen der kosmischen Ordnung"**. Dieser wird in seiner gegenwärtigen Form (entschlüsselt und angewandt von Dr. José Argüelles) weltweit als vierdimensionaler Schlüssel für die Wiederanbindung an die natürlichen Zeitzyklen sowie für die Bewusstwerdung der Zeit als Qualität verwendet.

Es gibt mehrere Gründe, sich mit dem **Maya-Kalender**, der weit mehr als bloß ein Kalender der reinen Zeitzählung ist, zu beschäftigen. Zum einen „endet" der „jetzige Zeitzyklus" in 4 Jahren im Jahre **2013** – (genau gesagt zur Wintersonnwende am 21.12.2012) und er „begann" vor ca. 25.996 Jahren. Zum anderen haben wir im Gegensatz zu unserem künstlichen und linear verlaufenden Zeitsystem von 12:60 (dem Gregorianischen Kalender, zuvor der Julianische Kalender und zuvor ein Kalender in der Wiege von Babylon entstanden) eine Zeit-Matrix vor uns mit Zeitqualitäten **und** Zeitquantitäten: das Wissen von der Har-

95

moniestruktur des Universums mit den vorhandenen Energieströmen und -qualitäten. Im Prinzip ist das Maya-Zeit-Wissen, das Verständnis der Gesetzmäßigkeiten der ZEIT, die durch den Maya-Kalender in Zeit- und Daseins-Zyklen strukturiert ist, welche sich im zyklischen Lauf der Spirale in der Vertikalität befindet. Alle Formen des Lebens finden in der Spirale ihre Entsprechung, warum nicht auch die ZEIT?

Die Mayas gelten noch heute als die genauesten Mathematiker der ZEIT, aus einem einfachen Grund: sie kannten die Zyklen der ZEIT. Sie werden auch die Weber der ZEIT oder die Spieler des Universums genannt und bezeichnen sich selbst als die Hüter der kosmischen Ordnung. Sie hatten dafür extra vorgesehene und ausgebildete **Hüter der Tage**. Sie waren die zeitkundigen Schamanen der Maya, welche die Aufgabe hatten, auch ohne komplizierte technische Hilfsmittel präzise die Zyklen der Sonne, des Mondes, der Venus, der Gestirne und die damit verbundenen Finsternisse zu bestimmen. Ihr Zeitgeist erfasste die genaue Dauer des Sonnenjahres ebenso wie die Berechnung linearer und solarer Eklipsen sowie eine Hierarchie wiederkehrender Sonnenaktivitätszyklen. Gleichfalls wussten sie um die mittleren planetaren Abstände zum Zentralgestirn der Sonne.

Leider wurden fast alle schriftlichen Aufzeichnungen der Maya auf Anordnung der katholischen Kirche unter Bischof Diego de Landa zu Zeiten der spanischen Eroberer vernichtet: eingegangen in die Geschichte als strafendes Exempel an den Maya und besser bekannt als die Buchverbrennung von Mani (Yucatan) am 12. Juli im Jahr 1562. Durch verschiedene Umstände gelangte im Jahr 1740 eines der Bücher der Maya in die sächsische Landesbibliothek von Dresden, bekannt als Codex Dresdensis. Ein Buch, gefertigt aus Amate-Papier, bestehend aus 39 doppelseitig beschrifteten Seiten und 4 leeren Seiten, gefaltet in Leporelloform, also wie eine Ziehharmonika. Ausgebreitet erreicht diese Schrift eine Gesamtlänge von über 3,5 Metern und eine Breite von 20 cm und ist damit der zweitgrößte Maya-Codex auf der ganzen Welt. Neben diesem Codex sind nur 3 weitere Codices bekannt: Codex Paris, Madrid und Grolier, benannt jeweils nach ihren Aufbewahrungsorten. Der Codex in Dresden wurde vom Bibliothekar Erich Förstermann wiederentdeckt und er setzte sich nicht nur für die Erforschung, Entzifferung und Übersetzung der Mayaschrift ein, sondern sorgte unter seinem Namen auch für eine Reproduktion als Faksimile. Damit wurde die Grundlage für zahlreiche weitere Forschungen geschaffen, denn gerader dieser Codex enthält die ausführlichsten Aufzeichnungen zur Astronomie, die schon immer die Grundlage von Kalendern war. Natürlich verfügten die Maya nicht nur über schriftliche Aufzeichnungen, sondern verstanden es, sich weiterer unglaublicher Hilfsmitteln zu bedienen, die bis in die heutige Zeit überlebten. Es sind ihre Pyramidenbauten, Relikte, Stein-Stelen und auch andere Bauten mit besonderen Ausrichtungen, die bis heute immer noch ihre Präzision zeigen. Insbesondere die bekannte Kukulcán-Pyramide von Chichén Itzá mit der berühmten Schattenschlange, die jeweils zu den Tag- und Nachtgleichen von der Pyramide herabsteigt (siehe Bild Nr. 20) und das Sonnentor bzw. der Tempel der 7 Puppen von Dzibilchaltún (siehe Bild Nr. 22). Ein weiteres besonderes architektonisches Zeitzeugnis von Astronomie und Baukunst sind die kosmisch proportionierten Tempelanlagen, die sozusagen den Mikrokosmos (das kleine Universum) auf der Erde darstellen und bis heute nur die absolute Perfektion dieser himmelsforschenden Zivilisation, deren Kultur sich an Raum und Zeit und Zahl orientierte, erahnen lassen.

Die überlieferte Tradition des Zählens der Tage (in Maya Cholq'ij, bzw. TZOLKIN) bis hin in die heutige Zeit, wird noch immer vom schamanischen Hüter der Tage, den Ah KINs, in rituellen Handlungen im Einklang mit der jeweiligen Tagesqualität verrichtet und sorgte für das „Überleben" von kunstvoll verwobenen Beobachtungen zur Zeit, welche sich nicht linear, sondern in sich wiederholenden Kreisläufen vollziehen. Das KIN ist der durch einen neuen Sonnenaufgang bestimmte Tag, der die kleinste zentrale Grundeinheit im kosmischen Räderwerk bildet. In der Sprache der Maya bedeutet KIN so viel wie Tag (Zeit), kann aber auch je nach Zusammenhang Mensch und Sonne bedeuten. Die größere Einheit ergibt sich aus der Abfolge von 20 verschiedenen Maya-Symbolen in Kombination mit den Zahlenwerten 1–13 (13 x 20 =

260 KINs, die Dauer des TZOLKIN-Kalenders). Dieser „Heilige Kalender", der einer Zeitspanne von 260 Tagen entspricht, ist gleichzeitig auch die Zeitdauer, die ein Mensch braucht, um sich im Bauch seiner Mutter bis zu seiner Geburt heranzubilden. Das jeweils entstehende KIN, auch Tages- siegel genannt, gibt Aufschluss über die jeweilige zeitliche Qualität eines Tages und die damit verbundenen Resonanz-Betrachtungen in einem zeitlich größeren Kontext.

Lernen wir die ZEIT-Zyklen zu verstehen (auch ohne große mathe- matische Kenntnisse möglich), wird es uns individuell möglich sein, zu erkennen, was die ZEIT vorgesehen hat und wie wir selbst unsere ZEIT mitgestalten können. Denn eines ist gewiss: Die Energie folgt der Auf- merksamkeit, in Verbindung zum richtigen Aktivierungs-ZEITpunkt wer- den wir Meister unserer ZEIT und bewusster Schöpfer unserer eigenen Realität.

ZEIT-Mandala (Kalenderstein) in komplexer Darstellung.
13:20 entspricht dem Rhythmus der natürlich-kosmischen Ordnung

Der TZOLKIN

SIEGEL	1 3 - T ö n e										
	21	41	61	81	101	121	141	161	181	201	221
Roter Drache											
Weißer Wind											
Blaue Nacht											
Gelber Samen											
Rote Schlange											
Weißer Weltenüberbrücker											
Blaue Hand											
Gelber Stern											
Roter Mond											
Weißer Hund											
Blauer Affe											
Gelber Mensch											
Roter Himmelswanderer											
Weißer Magier											
Blauer Adler											
Gelber Krieger											
Rote Erde											
Weißer Spiegel											
Blauer Sturm											
Gelbe Sonne											

Der TZOLKIN als Ordnungsprinzip zeigt 20 horizontale Linien und 13 vertikale Säulen auf. In ihrer Vernetzung gleichen sie tatsächlich einem Webmuster. Gelesen wird das System von links oben nach unten. Dabei werden die 20 verschieden Maya-Glyphen in Verbindung mit den 13 Tönen (Maya-Zahlen) durchlaufen. Nach 260 Tagen gelangt man rechts unten an. Anschließend wird wieder oben links begonnen. Eine Synchronisation mit dem linearen Kalender findet alle 52 Jahre statt. Während dieser 52 Jahre wird der Rhythmus des TZOLKIN 73 Durchläufe (Spins) vollziehen.

Die Maya-Matrix heißt 13:20 und ist eine natürlich-kosmische Ordnung. Die 13 begründet sich sicherlich auch in der Kenntnis der ursprünglichen Abfolge von **13 Mondkreisläufen** sowie den Wellenperioden innerhalb der Zeitzählung (jeweils 13 Tage bzw. **13 Töne** in Folge). Der Mond-
kreislauf entspricht auch dem 28-Tage-Zyklus der Frau, die allgemein am
13. Tag des Zyklus ihren Eisprung hat. Der Tag der Zeugung ist aus dieser
Sichtweise auch der Tag 1 der Zählung von gesamt 260 Tagen bis hin zur
Geburt. Die **20** präsentiert **das kosmisch strukturierte Gesetz der
ZEIT**, das Wissen der ZEIT mit ihren **20 Schöpfungsaspekten** und den
dimensionalen Zusammenhängen. Zugleich ist der TZOLKIN weniger ein
Zeitbemessungsmodus als vielmehr der galaktische Code, welcher uns
ermöglicht, das uns innewohnende spirituelle Potential zu entfalten und
in kosmischer Resonanz zu erfahren. Die individuelle Bedeutung von
KIN und Geburtswelle (siehe auch Abbildung in der Umschlagseite) sind
ein wesentlicher Bestandteil der Grundkenntnisse des vorgesehenen
Seelenplans. Wie alle spirituellen Lehren zeigen, ist dieses Wissen zunächst jedoch geschützt bzw. verborgen. Maya bietet an, Einblick in
das codierte Wissen zu erhalten, indem zahlreiche „Schlüssel" durch
das Verständnis von ZEITzyklen bzw. ZEITfenstern aufgezeigt werden
und dazu deren sinnvolle und gleichzeitig einfache Handhabung der
Maya-ZEIT-Gesetze umgesetzt werden können. Die **Maya-ZEIT-Gesetze**
ermöglichen den Eintritt in das kosmische Bewusstsein. Mit Hilfe dieser
Kosmologie ist es nicht nur möglich, die Verbindung zu den galaktischen
Wurzeln zu finden, sondern auch Erkenntnis über die momentane
Lebenssituation zu erhalten. Jeder hat eine persönliche Lebenswelle,
die ein tiefes Verständnis über „mitgebrachte" Qualitäten und Fähigkeiten vermittelt. Weiterhin lässt sich daraus die Lebens-Lernaufgabe
(zwei fehlende bzw. zu aktivierende Archetypen) erkennen, welche ich
persönlich gerne mit dem Wort Inkarnationsjob beschreibe. Der Wellen-
verlauf gibt Informationen über unterstützende Kräfte für Körper, Seele
und Geist sowie die Verwirklichung der Vision, Berufung und das Erlangen des EINS-SEINS frei.

DATEN IM SPIEGEL DER ZEIT

Der Blick hinter den großen Vorhang

Manchmal werden Stimmen laut, ob denn auch die angegeben Maya-Daten richtig sind. Das kann wohl niemand mit 100%-iger Sicherheit sagen. Manche Berechnungsgrundlagen beharren alleine auf den Rechenweg, vergessen dabei, dass sie damit unter Umständen das System der Zyklen aushebeln. Das Gesetz der Zeit der Maya schreibt vor, dass exakt nach einem Ablauf von 52 Jahren das gregorianische Datum mit der Maya-Glyphe wieder absolut identisch sein muss. Das besagt damit auch, dass alle Rechensysteme, die dies nicht machen, einfach nicht korrekt sein können. Manche Experten meinen auch, es muss das Schaltjahr berücksichtigt werden, obwohl gerade dies eine Erfindung erst aus jüngster Zeit ist. Ich kann mir aber dennoch vorstellen, dass die Maya vielleicht so etwas Ähnliches gemacht haben, aber sicherlich nicht nach dem vorgegebenen Rahmen, wie wir es machen, nämlich alle 4 Jahre. Die Maya kanten ja auch so etwas wie den Tag außerhalb der Zeit, den wir heute als Grünen Tag bezeichnen, was symbolisch vielmehr dafür stehen soll. Es ist ein Tag, der weder dem alten noch dem neuen Jahr gehört und deshalb eher mit der Mitte, also dem Grünen Zentrum, in Verbindung gebracht werden kann. Meine Überlegung geht dahin, wie es wäre, wenn die Maya nach 52 Jahren nicht nur einen Grünen Tag hatten, sondern eine komplette Grüne Welle, also nicht nur 1 Tag, sondern gleich 13 Tage hintereinander, die weder Himmel noch Erde gehören? Ich finde, das ist eine ziemlich gute Idee, denn die Maya haben immer zyklisch gedacht und das durchaus in Verbindung mit überaus großer Komplexität. Warum sollen sie sich also mit der Kleinkrämerei von 4 Jahren aufhalten? Wie gesagt, eine Möglichkeit, aber beweisen kann ich es nicht!

Von unserem Standpunkt aus gibt es sowieso zwei Möglichkeiten, in die Kalenderzählung der Maya einzutauchen. Die eine ist, es wird tatsächlich an einem bekannten Datum in der Vergangenheit angefangen und dann einfach nur Tag für Tag hochgezählt (Longcount-Zählung) oder aber es wird vom bekannten Enddatum heruntergezählt, was aus unserer Sichtweise sicherlich einfacher ist, da wir uns damit zumindest schon in einem Zyklus von 52 Jahren befinden und in dem es durchaus auch möglich wäre, ohne die Schaltjahrregelung auszukommen, wie wir sie eben kennen. Sie könnte durchaus schon vor bzw. dann nach 52 Jahren stattfinden. Ich besinne mich deshalb auf mein Wahrnehmen der Maya-Tagesenergien, was nun auch schon über 13 Jahre der Fall ist, und da gibt es inzwischen so viele Bestätigungen, die einfach kein Zufall sein können und nur besagen, dass die Rechengrundlage, auch bekannt als Dreamspell, stimmt. Während meinen Mexiko-Reisen finden immer Begegnungen mit den Maya-Ältesten statt und gerade sie machen keine Vorschriften, wie wir rechnen sollen. Erstaunlich ist nur, dass es inzwischen Bewegungen gibt, die speziell von Europa ausgehen und nun den Mayas vorschreiben wollen, dass das Ende der Maya-Zeitrechnung mit dem angegeben Enddatum vom 21.12.2012 nicht stimmen soll. Ich glaube kaum, dass irgendwelche Rechenkünstler, die eben auch auf ihrem Recht beharren, den Maya irgendwelche Vorschriften machen können. Die Schlüssel bleibt alleine die Resonanzkraft und selbst wenn es ein anderer Tag sein sollte, dann werden das die Maya, die vor Ort leben, verkünden, keinesfalls die Europäer. Aber bisher gibt es keine Anzeichen dafür, das der 21.12.2012 nicht stimmen sollte, im Gegenteil, es wird vielmehr durch die Verbindung mit den Venuszyklen untermauert.

Seit vielen Jahren mache ich es wie Maya-Zeit-Schamanen, ich horche in die Zeit hinein und achte auf Zusammenhänge und Botschaften und bin überzeugt, die ZEIT selbst schenkt uns die nötigen Informationen. In der Zeitrechnung des TZOLKIN, dem 260-Tage-System, gibt es die so genannten Tempel der Zeit, die auch gerne als die 5 Zeitschlösser bezeichnet werden. Mein besonderes Interesse galt schon immer dem letzten Zeitschloss: Das Grüne Zentrale Schloss der Verzauberung mit dem Untertitel, der Mensch synchronisiert. Es steht im fraktalen Zusammenhang zu den letzten 52 Jahren der Maya-Zeit-Zählung und symbolisch auch für den Beginn der neuen Zeit, die wir gerne mit dem Goldenen Zeitalter betiteln. Der Beginn der Zählung wird mit Kin 209 angegeben, das entspricht dem Roten Mond, MULUC mit Ton 1. Dieses Zeichen hat die Aussagekraft, dass hier die 1 mit ihrer Qualität der Anziehung die Energie von Reinigung, Läuterung, In-den-Fluss-Kommen und vor allem die Kraft der Wiedererinnerung aktiviert wird. Diesem Zeichen lässt sich der 23.12.2012 zuordnen, was für mich vollkommen stimmig ist, denn es steht für die Kraft des Neubeginns und nichts spricht dagegen, dass dennoch das Ende der Zählung auf den 21.12.2012 fällt. Vielleicht hat dieser Zeitraum auch mit den immer wieder genannten 3 Dunklen Tagen zu tun, um die sich viele Spekulationen ranken. Ich mag aber nicht unbedingt spekulieren, ich mag nur aufzeigen, aber ohne etwas beweisen zu müssen, ganz im Sinne von Erich von Däniken, der schon immer gesagt hat: „Meine Aufgabe ist es nicht, auf Fragen zu antworten oder Beweise zu erbringen, sondern Fragen und Möglichkeiten aufzuzeigen." Das bedeutet für alle Leser, ich werde mich keinesfalls auf Diskussionen einlassen, die nur ein Ziel haben, nämlich Recht haben zu wollen! Eventuelle Anfragen über E-mail in diesem Zusammenhang werden von mir nicht beantwortet werden, denn ich bin es einfach nur leid, mich immer und immer wiederholen zu müssen, dafür ist mir meine Energie zu schade, meinen Standpunkt habe ich deutlich gemacht. Was nicht bedeutet, ich würde niemals davon abweichen, aber letztlich weiß ich für mich, dass das nur die Zeit selbst mit ihren Informationen bewirken würde.

Doch jetzt gerne wieder zurück zum Aufzeigen der Zusammenhänge: Das Ende der Zeit wird mit dem 21.12.2012 angegeben und mit dem Kin 207 in Verbindung gebracht. Das ist die Blaue Hand, MANIK mit dem Ton 12. Energetisch lässt sich das so formulieren: Dies ist die kristallklare Kraft der Zusammenarbeit von Handlung, Heilung und Wissen. Genau genommen machen wir (die spirituell Interessierten der neuen

Zeit) im Hinblick auf dieses Datum schon seit Jahren nichts anderes, nur mit der kristallklaren Klarheit hapert es noch ein wenig. Vollkommen neu ist, es gibt jetzt auch eindeutige Signale in der Politik und in der Wirtschaft.

Kann es ein Zufall sein, dass der 14.09.2008 exakt der Maya-Tagesenergie vom 21.12.2012, also Kin 207 entspricht? Die Maya benennen diese Tagesenergie mit dem Ende der Zeit. Es ist nicht mehr von der Hand zu weisen, dass mit dem Tag des 14.09.2008 ebenfalls eine Zeit zu Ende gegangen ist, nämlich die des Raubtierkapitalismus. Es war nicht nur der Tag vom offiziellen Ende der Lehman Brother Bank in den USA, sondern generell das weltweite Ende der Bankenregierung. Die USA war lediglich der Ausgangspunkt einer losgetretenen Lawine, die nun weltweit die Neuordnung des Banken- und Wirtschaftssystems fordert. Scheinbar wurde bis zu diesem Zeitpunkt noch nie bemerkt, dass es auf der ganzen Welt gemeinsame Regeln für den weltumspannenden Fortbewegungsverkehr gibt, nur keine gemeinsamen Regeln für den Geldverkehr. Bereits am 16.09.2008 (innerhalb von nur 3 Tagen und das auch noch über ein Wochenende hinweg) wurden die ersten Rettungsschirme von Seiten der Regierung aufgespannt, mit Kin 209, der Maya-Tagesergie, welche wie schon erwähnt für den Beginn eines neues Zeitzyklus steht.

Mir schenkt diese Information folgende Resonanz: Die Daten aus der Sichtweise der Maya-Zeit-Rechnung 14.09.2008 bis 16.09.2008 sind identisch mit den Tagesenergien vom 21.12.2012 bis 23.12.2012. Das bedeutet, dieses ZEITfenster (gleiche Tagesenergien) zeigt durchaus an, dass an der Prophezeiung vom Ende der Zeit wie wir eben Zeit bisher verstehen als Zeit = Geld durchaus entsprechend sein kann. Der Paradigmenwechsel von 2012, der dann durchaus die Orientierung an Gaben, Talenten und Fähigkeiten in den Vordergrund stellt, kann trotz momentaner Finanzkrise auch überaus zuversichtlich machen. Es wird möglich sein, eine neue Zeit, eine neue Welt zu erschaffen, ganz nach dem Motto: „YES WE CAN!" Dass es immer wieder mal innerhalb der Weltgeschichte oder besser in der Entwicklungszeit der Erde andere Spielregeln geben wird und geben muss, war schon immer klar, nur jetzt steht dabei die Globalität im Vordergrund.

Die ZEIT selbst wird uns in der Zukunft jeweils in den Verbindungen von Kin 207 bis 209 weitere Informationen schenken. Ich selbst bin schon sehr gespannt darauf. Die gregorianischen Daten lassen sich dem in diesem Buch abgedruckten Tzolkin-Kalender entnehmen und dienen immer als ZEITfenster.

Gelegentlich frage ich mich auch, ob den Politikern der USA auch das Wissen der Maya-Zeitzyklen bekannt ist. Es gab da schon einige Hinweise. Selbst für das Datum des 11.09.2001. Es war der 20. Tag im 2. Maya-Monat im 20 Spin seit der Zählung der Spins (Tzolkin-Durchlauf von 260 Tagen) beginnend mit der Harmonikalen Konvergenz im Jahr 1987. Dieser überaus schreckliche Terroranschlag und hochgespielte Medientag wird dem Kin 251 zugeordnet und damit der Tagesenergie des Blauen Affen, CHUEN in der Verbindung mit dem Ton 4. Es gibt tatsächlich in der bildlichen Umschreibung dieser Energie eine Formulierung über dieses Zeichen, die so wiedergegeben werden kann: „Ich bin die Energie, die Eure Kartenhäuser zum Einstürzen bringt." Damit sind aber ursprünglich unsere Gedankengebäude oder die erschaffene Zeitkorsetts gemeint, die gelegentlich eben plötzlich wie Kartenhäuser einstürzen können. Die 4 steht immer für das ordnende Prinzip, die Kraft, die aus dem Chaos heraus immer eine neue Ordnung entstehen lässt. Natürlich schlimm und schrecklich, wenn damit eine Katastrophe einhergeht. Doch wie würden sonst die Wachrüttler auf der Erde funktionieren? Exakt 260 Tage nach dem Tag, der die Welt veränderte, wurde am 29.05.2002 natürlich wieder mit dem Kin 251 der weltweiten Presse mitgeteilt, dass nun mit diesem Tag die Aufräumarbeiten auf Ground Zero für beendet erklärt werden. *Alles nur ein Zufall?* Was passierte dann 260 Tage später, also dem 13.02.2003, exakt wieder mit Kin 251 und genau 520 Tage nach dem 11.09.2001? Für diese Information müssen wir allerdings den Kontinent wechseln, um folgende Schlagzeile zu finden: Terroralarm in London! Der 11.09. ein zweites Mal? Am Flughafen Heathrow und Gatwick wurde die bisher stärkste Terrorabwehr in der Geschichte Englands präsentiert. Es wurden Menschen festgenommen und eine Handgranate im Gepäck gefunden. Es gibt noch viele weitere andere interessante Beispiele, es wäre tatsächlich seitenfüllend, doch grundsätzlich gehört das Beschäftigen mit Terror und Katastrophen nicht zu meinen Lieblingsbeschäftigungen, deshalb wende ich mich gerne einem freudigeren Ereignis zu.

Ein weiterer Tag, der unvergessliche Geschichte schrieb, war der 04.11.2008. Der Tag der Präsidentschaftswahl in den USA. Der 44. Präsident der Vereinigten Staaten von Amerika wurde gewählt! Er heißt Barack Hussein Obama Jr. und ist der jüngste, wie auch der erste schwarze Präsident in der Geschichte der USA. Seine Mutter war Weiße und sein Vater hatte afrikanische Wurzeln. Der Name Obama bedeutet in seiner Stammessprache „Der brennende Speer" und das ist er wirklich, der Lichtträger der Nation. Für den 04.11.2008 wird die Maya-Tagesenergie Kin 260, Gelbe Sonne, AHAU mit Ton 13 angegeben. Die Umschreibung dazu: Die absolute Vollendungskraft in Verbindung mit der absoluten Essenz der kosmischen, alles übersteigenden Gegenwärtigkeit. Am nächsten Tag, dem 05.11.2008, schwingt die Maya-Tagesenergie mit dem Kin 1, der absolute Neubeginn und zugleich der Beginn eines weiteren Spin der TZOLKIN-Zählung (260 Tage). Die Tagesenergie des Roten Drachen, IMIX mit Ton 1, kann so umschrieben werden: Die Kraft von Initiation, Urvertrauen, Neubeginn und Geburt verbindet sich mit einer bestimmenden Fähigkeit, die die genannten Kräfte anziehen wird. Es ist ein Tag gleich im Sinne einer kosmischen Geburt. *Kann das alles Zufall sein?* Die Amtseinführung von Barack Obama war der 20.01.2009 mit der Maya-Tagesenergie Kin 77, Rote Erde, CABAN mit dem Ton 12, was so viel bedeutet wie: Die kristallklare Kraft der Navigation in vollkommener Zusammenarbeit mit dem Ziel eine Synchronisation, also eine zeitgleiche Bewegung von Formen zu erfahren bzw. zeitgleich zu nutzen. Wäre ich nach der idealen und unterstützenden Maya-Energie für dieses Vorhaben gefragt worden, ich hätte höchstwahrscheinlich keinen besseren Termin im Sinne für das Wohl der ganzen Welt aussuchen können. Die Geschichte wird es zeigen, es werden weltweite Synchronisationen stattfinden! *Wieder alles nur Zufall?*

Und welches Maya-Zeichen trägt Barack Obama? Er wurde am 04.08.1961 auf Hawaii geboren. Dieser Tag entspricht der Maya-Energie von KIN 173, Roter Himmelswanderer, BEN mit Ton 4, geboren in der Welle vom Weißen Hund. Hier kurz zusammengefasst: Es ist dies die Kraft, die aus dem Chaos heraus Ordnung erschaffen kann, um als Zeit- und Raumreisender den Himmel und die Erde zu vereinen. Geboren und unterstützt in der Welle, die für die Kraft des Herzens, der Liebe und die Verbindung mit Wegbegleitern steht. Bereits diese wenigen Worte zeigen auf, dass dieser überaus charismatische Mensch nichts anderes macht, als seine von Geburt an vorgesehene Bestimmung zu leben. Natürlich könnte ich zum Geburtskosmogramm von Barack Obama noch viel mehr sagen, aber das soll hier an dieser Stelle nicht weiter wichtig sein, denn dieses Kapitel soll letztlich nur aufzeigen, dass es so viele Zufälle gar nicht geben kann. Wurden manche Ereignisse, wie sie geschehen sind, geplant oder unterliegt alles dem Plan der Schöpfung, der lediglich jetzt erlaubt, hinter den großen Vorhang zu schauen? Dann wäre das nicht nur fast unbegreiflich und unfassbar, sondern für mich eher so etwas wie Gnade, die mir erlaubt, Informationen aus dem Schöpfungsplan herauslesen zu können. Ich denke, es ist nicht nötig, das Maya-Zeit-Wissen in irgendeiner Art und Weise schönreden zu müssen. Mir geht es auch nicht darum, Anhänger zu finden, die dieses Wissen teilen wollen. Mein Ziel ist es, den Menschen bewusst zu machen, die ZEIT selbst enthält alle Informationen und Lösungen für uns bereit, sobald wir sie tatsächlich wieder verstehen wollen. Der erste Weg dazu ist die Befreiung aus der manipulierten und mechanischen Zeit 12:60 (horizontal) zu finden, um bewusst und freiwillig wieder in Verbindung mit der kosmischen Ordnung 13:20 (vertikal) leben zu können. Jeder Mensch ist aufgefordert, an jedem Tag seines Lebens diesbezüglich seine Entscheidung immer wieder neu zu treffen. Jeder darf für sich beschließen, ob er gerne Spielball von Energien sein möchte oder ob er lieber spielerisch mit Energien umgehen möchte. Ich versuche möglichst jeden Tag bewusst mit den Tagesenergien der Maya zu leben, ohne dies als Dogma oder neue selbstgezimmerte Religion zu verwirklichen, jedoch stets mit dem Ziel verbunden, die Freiheit meines Bewusstseins zu erweitern.

Die 20 MAYA-TAGESENERGIEN ODER DIE 20 SCHÖPFUNGSASPEKTE

Ihre Bedeutung, Assoziationen und Transformationskraft

Die 20 MAYA-GLYPHEN

werden auch Archetypen genannt. Als Vertreter der unterschiedlichen Aspekte der Schöpfung sind sie alle gleichwertig. Keiner ist besser oder schlechter. In einem ewigen energetischen Kreislauf bauen sie aufeinander auf, d.h. ein Archetyp benötigt für seine Entfaltung die Energie des vorherigen, um sie in gewandelter Form als Impuls an den nächsten weiterzugeben. Immer wieder aufs Neue beschreiben sie auf ihrem Weg den Zyklus der Geburt bis hin zur Einswerdung bzw. das Erreichen der Erleuchtung. Die Botschaft der ZEIT selbst lässt sich nicht durch einfaches Lernen, Verstehen oder kopfgesteuertes Begreifen erfahren, sondern lediglich durch die Kraft der Resonanz, was soviel bedeutet wie mit diesen Energien zu schwingen.

20 Maya-Glyphen oder Schöpfungsaspekte

ROT	WEISS	BLAU	GELB
1.) Imix	2.) IK	3.) Akbal	4.) Kan
5.) Chiccan	6.) Cimi	7.) Manik	8.) Lamat
9.) Muluk	10.) Oc	11.) Chuen	12.) Eb
13.) Ben	14.) Ix	15.) Men	16.) Cib
17.) Caban	18.) Etznab	19.) Cauac	20.) Ahau

Die Bedeutung der Farben

Beachte auch das Gebet der 7 galaktischen Richtungen in diesem Buch.

ROT steht immer für den Beginn, die Geburt und repräsentiert den Osten, der das Licht entstehen lässt, und nimmt Bezug zum Element Feuer.

WEISS steht für die Kraft der Verfeinerung, die Gestalt werden lässt, repräsentiert den Norden, den Ort der Weisheit und das Element Luft.

BLAU ist die Farbe der Heilung und Transformation. Im Bezug zum Westen als dem Ort des Todes wird die Kraft des Loslassens vermittelt und steht mit dem Element Wasser in Verbindung.

GELB gilt als die Kraft der Vollreife, der Ernte und Ausdehnung. Als Repräsentant des Südens, in dem das Leben zu Hause ist, wird es dem Element Erde gleichgesetzt.

Die Farben sind ein fester Bestandteil der harmonischen Ordnung. Mit ihren unterschiedlichen Qualitäten lassen sich individuelle Merkmale erkennen. Darüber hinaus lässt sich die Kraft der Farben auch auf das Tagesgeschehen übertragen.

An ROTEN Tagen kannst Du Neues beginnen und an WEISSEN verfeinern und vertiefen. Die BLAUEN Tage eignen sich für die Umsetzung und enthalten Möglichkeiten die Heilung zu unterstützen (Termine nutzen!). Die Energie der Vollendung steht an GELBEN Tagen bereit und bedeutet, diese Zeit der Vollendung und der Ernte zu widmen.

Gelingt es Dir, bereits diese ersten Grundschritte in eine gelebte Form umzusetzen, werden Dich stets Harmonie und Gleichgewicht begleiten. Ich nenne das: mit kosmischem Rückenwind leben! Um die Resonanzkraft zu unterstützen, empfehle ich, ganz bewusst farblich entsprechende Kerzen an den jeweiligen Tagen zu entzünden. Alleine schon der bewusste Moment des entzünden der Kerze ermöglicht den Eintritt in das Resonanzfeld der kosmischen Ordnung.

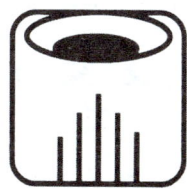

1) IMIX (i`miisch) – Roter Drache
Bedeutung: Wurzel, Wasser, spiraliger Wirbel, Milchstraße

IMIX – der rote Drache – **Kraft der Schöpfung und Geburt:**
Mutter-Gott-Energie, Spiralkraft, Wiege der hervorbringenden Schöpfer-kraft, UR-Sprung, DNA-Spirale, UR-Vertrauen, Sein, ungeteilte Urwas-ser, uranfängliche Tiefe, die göttliche Wiege aller Schöpfung, Quelle des Lebens, Kreativität, Neuanfang, stiller dunkler Schoß, Empfänglichkeit, große Mutter – Natur, Allgeborgenheit, All-Verbundensein alles Lebens, mütterliche Fürsorge und Unterstützung, Nähren und ernährt sein, bewusste Nahrung und Ernährung, Selbst-Vertrauen, Selbst-Bejahung.

Wisse: Du wirst getragen und genährt von der Quelle des Lebens. Der Urgrund des kosmischen Mysteriums erweckt in Dir Urvertrauen in die Liebe. Der Urton (Urenergie) der Schöpfung bringt in Dir Deine Einheit mit der Quelle allen Lebens zum Schwingen.

IMIX – Transformationskraft:
Dieser Tag steht in Verbindungen mit den Themen des Urvertrauens. Wie steht es um Deine persönliche Quell-Verbindung? Aktiviere Deine persönliche Quell-Verbindung und trete ein in die Energie der immer-währenden Liebe, auch Du bist ein Teil davon. Erlaube Dir, Dich von dieser Urenergie (vergleichbar mit einer kosmischen Amme) zu nähren. Versuche diese Kraft zu spüren, die über Deinen Atem den Weg in jede Deiner Zellen findet. Überwinde das Gefühl, zu wenig zu erhalten oder das Empfangende nicht wert zu sein. Schenke dem Wachstumsprozess auf dem Weg der Ganzheit Dein Vertrauen. Öffne Dich – um zu emp-fangen.

2) IK (iik) – WEISSER WIND
Bedeutung: Luft, Wind, Hauch, Atem

IK – der weisse Wind – **Kraft der Kommunikation, Kraft des Geistes:**
Urvater, göttlich männliche Schöpferzone, der Braus Gottes, Geist, Begeisterung, Luft, Wind, Prana, Chi, Lebenshauch, geistiges Feuer, Inspiration, Atem-Tanz, freies Atmen, Vitalität, Vitalisierung, schöpferische Kraft, der Puls des Lebens, geistige Klarheit, Flexibilität, Kommun-IK-ation, Log-IK, Mathemat-IK, Techn-IK, alles ist Information. Die Botschaft, die auf dem Wind reitet. Absolutes Gegenwärtigsein im Atem.

<u>Wisse:</u> Gelebte Gegenwärtigkeit ist die Verbindung zur spirituellen Kraft im JETZT. Es ist die durchdringende Kraft des Geistes, welche in jedem bewussten Atemzug zu finden ist. Selbst wo herkömmliche verbale Botschaften bereits ihr Ende finden, spricht der Atem immer noch seine Sprache.

IK – Transformationskraft:
Atme tief ein und aus. Atme in Gott. Tauche ein in den Spiraltanz des Lichtes. Der göttliche Atem gibt Dir die Kraft, Dein Leben schöpferisch aus der Fülle aller Möglichkeiten zu gestalten. Durchgeistige Dein Leben. Sei der Atem des großen Geistes. Dein Atemrhythmus führt Dich sicher durch alle Polaritäten des Lebens. Sei gegenwärtig und vollständig im Hier und Jetzt. Lasse den Wind des Geistes frei durch all Deine Bewegungen fließen. Du bist so frei beweglich und flexibel wie der Wind. Kommuniziere frei und ungebunden mit allen Reichen des Lebens. Höre auf Deine persönlichen Botschaften, die Dir Dein Atem schenkt.

3) AKBAL (ak bal) – BLAUE NACHT
Bedeutung: Nacht, Traumwelt, Schoß, dunkle Höhle, Stein

AKBAL – die blaue Nacht – **Kraft der Träume und Ideen:**
Innere Stimme, der Tempel in Dir, Intuition, Träume, Traumzeit-Matrix, dunkle Höhle, Stille, schweigende Zuflucht, Geheimnis, Innenreich, Innenschau, Verinnerlichung, der Zugang in die unbegrenzte Fülle der inneren Welten, Reise in das tiefe innere Selbst, Mysterium, Mystik, Intuition, Eingebundensein, innere Suche.

Wisse: Hinter der Kraft der Träume steht die Kraft, die „ES" in die Wirklichkeit bringt. Das Erschaffen der eigenen Realität beginnt mit der Reise in das innere Selbst.
Die Maya sagen: „Das Licht wird aus der Dunkelheit geboren."

AKBAL – Transformationskraft:
Schließe Deine Augen und gehe in Dich – zum Heiligtum des Selbst. Alles was Du brauchst, ist in Dir. Sei still und gib Dich der Reise in die Ein-Sicht und innere Integration hin. Der Impuls in Dir ist das Mysterium in Dir. Erkenne, dass Du der Autor, Regisseur und Spieler Deines Lebenstraumes bist. Träume tief in Dir Dein Selbst. Achte auch auf die Tagträume und ihre Signale. Erfahre die Kraft von Wiedererinnerung und Hell-Wissend sein.
Erwachtes Bewusstsein ist Erinnerung. Finde das Licht im Zentrum Deines inneren Selbst.

4) KAN (kan) – Gelber Same
Bedeutung: Saat, Korn, Mais, Fruchtbarkeit, Leguan

KAN – der gelbe Same – **Die Kraft der Fülle aller Möglichkeiten:**
Fruchtbarkeit, Befruchtung, Informationen, Genetischer Code, Potential, Potenz, gezielte Schöpferkraft, Keim-Manifestation, Schub- und Wachstumskraft, Vervielfältigung, Wirk-sam-keit, Acht-sam-keit, Ein-sam-keit. Der Fokus der Aufmerk-sam-keit, hervorbrechende Möglichkeiten, Impuls, Initiative, Tatkraft, Durchbruch, Selbstausdruck, Rhythmus, Progression, Evolution, Entwicklung.

Wisse: Die Schöpfung selbst ist absolute Fülle. Die Natur kennt keine Begrenzungen. Mais ist bis zum heutigen Tag für die Maya mehr als nur Nahrung, denn der Mais ist mythologisch gesehen die Verbindung zur keimenden Kraft aus dem Ursprung heraus.

KAN – Transformationskraft:
Die Samen dieser Welt (und damit auch DU!) tragen die Fülle aller Möglichkeiten und Talente in sich. Lasse ab von den Gedanken, dass nur andere ihre Ideen und Wünsche verwirklichen können. Begrenze Dich nicht länger, sondern verbinde Dich mit der Energie des Universums, um Deine „Anlagen" zu aktivieren. Richte Dich aus nach Deines Herzens größter Absicht. Sei Dir bewusst, der Acker bzw. das Beet ist bestellt, gib den Samen dankbar hin und setze ihn frei. Pflanze Deine Absichten. Mache einen Anfang! Sprenge Deine alte Schale! Du befreist Dich von alten Mustern, Lebensrhythmen und Absichten und erweckst bewusst Deine Träume und Möglichkeiten zum Leben. Du wirst Dein Ziel erreichen!

5) CHICCAN (tschik tschan) – ROTE SCHLANGE
Bedeutung: Schlange, Nervensystem, Fortpflanzung

CHICCAN – die rote Schlange – **Kraft der Lebenskraft:**
Lebenslust, Stammhirn, Überlebens-Instinkt, instinktive Weisheit, Körperweisheit, Kreativität, Vitalität, Intimität, Sexualität, Leidenschaft, Sinnlichkeit, Schlangenkraft, flüssige Lava, flammendes Zinnoberrot, das vitale Feuer der Läuterung, instinktive Transformation, Verschmelzung von Polarität, Ida und Pingala – die polaren Energieströme, welche die Wirbelsäule schlangenförmig umwinden, Tanz der Kundalini-Schlange, Integration von Sexualität und Spiritualität (tantrische Praxis).

Wisse: Bei den Maya waren die spirituellen Aspekte der Schlange wie z.B. die Mythologie der Gefiederten Schlange Kukulkán und die Weisheiten der Klapperschlange integriert in ihr Sein und sie sagen: „Der Weg zu den Sternen führt durch die Sinne."

CHICCAN – Transformationskraft:
Folge Deinen aus dem Bauch kommenden Instinkten und Intuitionen. Erspüre die Lösung Deiner Probleme – Chiccan hilft Dir, spontane Entscheidungen zu treffen und neue Lösungen aufzuspüren. Verstärke Deine Lebenskraft. Spüre wie die kosmische Energie um die Mittelachse Deiner Wirbelsäule spiralförmig auf- und niedersteigt. Du spürst die Verbindung zwischen Deinen intensiven körperlich-ekstatischen Erfahrungen und dem Licht des höheren Bewusstseins. Streife die alte Haut Deiner Vergangenheit ab und steige in das Feuer der alchemistischen Transformation.

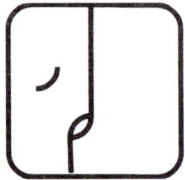

6) CIMI (ki mi) – WEISSER WELTENÜBERBRÜCKER
Bedeutung: Wurzel

CIMI – der weisse Weltenüberbrücker – **Kraft des Loslassens:**
Tod, Übergang, Schwelle, Brücke zwischen den Welten, Ausgleich, Gleichgewicht, Gleichung, Balance, Geben und Empfangen, Vermittlung, Tausch, Hingabe, Vergebung, Verzeihung, Aufgabe, Demut, Wechsel, die Kraft der Veränderung, Transmutation, Wandelmut, Gelassenheit, Befreiung.

Wisse: Die Energie folgt der Aufmerksamkeit! Achte auf Deine Gedanken!

CIMI – Transformationskraft:
Verabschiede Dich von unliebsamen und zwingenden Gedanken, sie sind die Vorstufe Deiner stets von Dir selbst gewollten Realität. Mit Cimi kannst Du erfahren, welche Strukturen und Muster nicht mehr zu Dir passen. Lasse Dich nicht länger von Deinen unnötig gepflegten Verhaltsmustern und Kontrollmechanismen bezwingen. Jedes Festhalten gleicht einem Stillstand. Erkenne, dass oftmals die Lösung in der (Los-)Lösung liegt. Gib Deine überholten Kontrollmuster auf. Lausche dem Teil Deiner selbst, der nach Tod und Transformation verlangt. Alles ist vergänglich. Erfahre die Kraft, die dem Tod entspringt. Vergib anderen. Vergib Dir selbst. Du befreist Dich bewusst von alten, vergangenen Identitäten und erstarrten unlebendigen Mustern. Du bist das Brennholz, das Stroh und der Moder für die Zerstörung aller Hindernisse für die Wiederherstellung der Kraft Gottes in Dir. Setze frei – lasse los – gebe Dich hin – verzeihe.

7) MANIK (manik) – BLAUE HAND
Bedeutung: Hand, Greifen, Heilung, Wissen, Hirsch

7) MANIK – die blaue Hand – **Die Kraft von Heilung und Wissen:**
Aktivierung der Vollkommenheit und der Selbstheilungskräfte, der innere Arzt, heilende Hände, die Hand Gottes in der physischen Welt, Handeln und Behandeln, praktisches Wissen, Begreifen, Werkzeuge, Körperarbeit, Yoga, Mudras, Gaben und Talente, Handlungsfähigkeit, Handlungsspielraum, Handel, symbolisch das Okay, altes Wissen aus Einweihungen.

Wisse: Du SELBST bist das Werkzeug, die Pforte des Lichts!

MANIK – Transformationskraft:
Erkenne Dein Menschsein und den damit verbunden Weg durch Deine verschiedenen Inkarnationen. Akzeptiere Deine Fehler und Schatten in Dir als Heilungsweg und „Heil-Aufgaben", die sich in Deinem fortwährenden Vollendungsprozess zu erkennen geben. Gestatte Dir, durch Deine Handlungen hindurch die Vollendung zu sehen. Heilung ist heilig, sobald diese als spiritueller Akt erkannt wird. Bedenke, mit jedem Deiner Schritte von Transformation und Heilung unterstützt Du die Harmonie Deiner Persönlichkeit. Mit jedem Erkennen von Dissonanzen in Dir oder in Deinem Umfeld erhältst Du die Möglichkeit, die wahre Ursache, d.h. das Urmuster Deines momentanen SEIN-Zustandes, zu ergründen und in eine bewusste „Handlung", die zu Deinem Heil gereicht, zu wandeln. Praktiziere die Kunst der offenen Hand: übe Dich darin, nicht festzuhalten und tue im Nicht-tun.

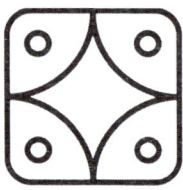

8) LAMAT (la mat) – GELBER STERN
Bedeutung: Stern, Venus, Kaninchen

8) LAMAT – der gelbe Stern – **Die Kraft der Harmonie:**
Kunst, Schönheit, Anmut, Frieden, Höflichkeit, Verehrung, die Ehre der Schöpfung, Sternensaat, Seelenstern, Ästhetik und Kin-Ästhetik, wohltuende Kombinationen, majestätisch ist Maya-ästhetisch, Tanz, Melodie, Musik, heiliger Gesang, galaktische Symphonie, Erkennen des höheren Planes und dessen harmonische Verwirklichung im JETZT.

Wisse: Die Verbindung zu den Sternen war für die Maya überaus prägend. Sie hatten immer Kontakt zu Milchstraße, Venus, Plejaden, Sirius, Orion.

LAMAT – Transformationskraft:
Sei wie der erste, aufgehende, lichtvoll funkelnde Stern, der als Bote für den ganzen Sternenhimmel steht. Erfahre und spüre in Dir SELBST die Anmut DEINES SEINS in der Präsenz Deiner Quell-Verbindung. Spüre die gegenwärtig stets wachsende Kraft der Entfaltung des Goldenen Zeitalters. Verschönere die Welt. Erkenne den Unterschied zwischen wahrer und künstlich erzeugter Harmonie. Du balancierst alle noch vorhandenen Disharmonien aus. Schließe Dich an Deine Sternensaat-Essenz an. Du ruhst in der Harmonie Deines vollständigen Gegenwärtigseins. Du bist die Harmonie der Gestirne. Sei Dir deines inneren unvergänglichen Selbstwertes bewusst. Du bist der Star am Himmel Deines erwachten Selbst-Bewusstseins.

9) MULUK (mu'luk) – ROTER MOND
Bedeutung: Mond, Wasser, Regentropfen, Zyklen

MULUC – der rote Mond – **Kraft der Reinigung und Wiedererinnerung:** Wasser, In-den-Fluss-Bringen, Läuterung, Erinnerung, die Kraft des universellen Wassers, Fluss, Ebbe und Flut, Zyklen, ZEIT-Zyklen, Blutmysterien, Emotionen, Gefühle, Stimmungen, emotionale Werte, die Perle in Deinem Herzen, Natürlichkeit. Klärung unbewusster und verdrängter Wesensanteile in Dir, die meist ihren Ursprung in der Kindheit hatten. Die Schleier des Vergessens lichten sich.

<u>Wisse</u>: Die Maya sagen: „...und wenn Du acht gibst, ist in Deinem Herzen eine Perle." Dies steht symbolisch für die Heilung von verletzten Emotionen, da dem Wachstum der Perle immer eine Verletzung zu Grunde liegt.

MULUK – Transformationskraft:
Du wirst getragen vom fließenden Strom der heiligen Zeit. Vertraue der inneren Führung Deines essentiellen Selbst und lasse Dich bewusst und angstfrei auf die Zyklen des Lebens ein. Du bist eingebettet in den fließenden Strom des kosmischen Wandels. Muluc ist der Toröffner, der stets Erweiterung mit sich bringt. Die Wiedererinnerung schenkt Dir die Kraft, in Deinem eigenen Licht zu stehen, dann wirst Du auf natürliche Weise alles vollbringen, weswegen Du hierher gekommen bist. Alle Begrenzungen, die Du Dir irgendwann einmal selbst auferlegt hast, sind nur scheinbare Grenzen. Spüre die Weisheit Deines eigenen Blutes.

10) OK (ook) – WEISSER HUND
Bedeutung: Hund, Fuß, Gefährte

OC – der weisse Hund – **Kraft des Herzens und der Eigenliebe:**
Liebe, Nächstenliebe, Lebensfreude, Loyalität, Mitgefühl, emotionale Wärme, Freundschaft, Beschützer, Hüter und Führer, Helfer aus der geistigen Welt, Krafttiere und Totems, Herzensgefährten, Wegbegleiter, Seelenpartner, Reflexionskraft der Seele, spirituelle Stärke.

<u>Wisse:</u> Liebe Deinen Nächsten wie Dich Selbst.

OC – Transformationskraft:
Öffne Dein Herz und damit der Liebe zu Dir selbst. Du lässt Dich durch die Weisheit Deines Herzens beschützen und führen. Du vereinigst Dich bewusst mit dem emotionalen Teil Deines Wesens. Du bist offen für die natürliche Lebensfreude und kannst die ganze Welt liebevoll umarmen. Dein Herz führt Dich zu Menschen, Orten, Dingen und Situationen, die Du für Dein weiteres Wachstum brauchst. Die Stärke von OC ist nicht nur die Beseitigung emotionaler Hindernisse, sondern auch das Zusammenführen von Schicksalsgefährten zu gemeinsamen Projekten und Tätigkeiten, die von Natur aus harmonisch (gewollt und geführt) sind. Du hilfst Deinen Schicksalsgefährten liebevoll, ihren Schatten zu integrieren und zu heilen.

OC kann Dich in Verbindung bringen mit Deiner geistigen Führung (Geisthelfer, Engel, Krafttiere, spirituelle Lehrer usw.).

11) CHUEN (tschu'en) – BLAUER AFFE
Bedeutung: Affe, Das göttliche Kind, Delphin

CHUEN – der blaue Affe – **Die Kraft von Freude und Glück:**
Lebensfreude, Humor, die Leichtigkeit des Seins, inneres Kind, kindliche Unschuld, Offenherzigkeit, grundlos glücklich sein, Spaß, Spiel, Witz, Ausgelassenheit, Lachen, Ausflippen, Spontaneität, die Magie des Augenblicks, Kreativität, das kreative Chaos, der innere Clown, der Narr, Illusion, Take it easy! Der kosmische Witz. Das Spiel der Quelle mit sich selbst.

<u>Wisse:</u> Zur Verwirklichung der Spiritualität gehört auch die Leichtigkeit im Sein. „...und wenn Ihr nicht werdet wie die Kinder, könnt Ihr nicht sehen das Himmelreich."

CHUEN – Transformationskraft:
Habe den Sinn für Humor bei der Erforschung Deines SELBST und erfahre die befreiende Magie des Lachens, die Dich über Dich SELBST lachen lässt. Gebe Dich der Leichtigkeit des SEINS hin, um zu erfahren, wie es ist: grundlos glücklich zu sein. Betrachte das Leben als Spiel und der verbitterte Ernst transformiert sich in eine selige Freiheit in Dir. Werde leicht und spielerisch. Lasse deine Schwere zurück. Du drückst Dich spontan im gegenwärtigen Augenblick aus. Du gestattest Dir, aus allen Formen des Leidens in spielerischer Freude herauszuspringen. Du bringst den gelösten, heiteren und befreiten Aspekt Deines Selbst bewusst in Dein alltägliches Leben ein. Du handelst auf überraschende verrückte und verspielte Weise. Du bist ein unschuldiges, offenherziges und freies göttliches Kind. Lass das Vergnügen in Deine tägliche Pflicht einfließen.

12) EB (eb) – GELBER MENSCH
Bedeutung: Kelch, Füllhorn, Mensch, Hirsebesen

EB – der gelbe Mensch – Kraft des freien Willens:
Weisheit, Dein eigener Weg, Souveränität, Willensfreiheit, Entscheidungsfreiheit, Unterscheidungsvermögen, Bewegung, Überfluss, das kosmische Füllhorn, Kanal sein, die gereifte souveräne Individualität Deines Selbst, die bewusste Integration der Polarität, ganzheitlicher Entwicklung.

Wisse: Die Kraft des freien Willens ist das oberste Gebot im gesamten Universum und wird auf allen Ebenen respektiert.

EB – Transformationskraft:
Prüfe, inwieweit Dein „freier Wille" aktiv ist. Stehst Du zu Deinen Bedürfnissen und zu Deinen Entscheidungen? Oder trägst Du das Gefühl in Dir, manipuliert zu werden? Werde Dir darüber klar, wie Deine Absichten sind und trete aus dem Schatten der Kopflastigkeit heraus. Erlaube Dir, durch Dein freiwilliges JA in die Kraft der Fülle einzutreten. Du bist ein offener Kelch – der freudige Ausdruck des Überflusses des Universums. Du bist ein offenes Gefäß – dazu geschaffen, die unbegrenzte Resonanz des erweiterten Selbst zu empfangen. Du beschleunigst Deine persönliche Entwicklung. Du bist empfangsbereit für die Fülle des großen Geistes. Du heilst und erlöst alle unbewussten Formen von Selbstbegrenzung. Sei leer und bewusst – damit Du angefüllt werden kannst mit grenzenlosem Überfluss und Licht. Fühle die ekstatische Vereinigung mit Deinem vollständigen Potential des Menschseins.

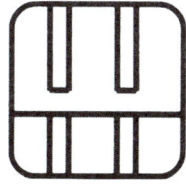

13) BEN (ben) – ROTER HIMMELSWANDERER
Bedeutung: Schilfrohr, Himmelswanderer

BEN – der rote Himmelswanderer – **Die Kraft des Himmels auf Erden:** Zeit-Raum-Reisender, Himmel und Erde zusammen bringen, wie oben – so unten, mystische Hochzeit, Weite, Horizonterweiterung, Offenheit, Reisen, Abenteuer, Mut, Entdeckung, Erforschung, Risiko, Experiment, Aufbruch, neue Richtungen, Grenzüberschreitung, Dimensionswechsel, Grenzgänger, bewusst erschaffene Begegnungen mit dem Unbekannten.

<u>Wisse:</u> Betrachte Dein Leben als heilige Reise durch ZEIT und Raum.

BEN – Transformationskraft:
Befreie Dich vom Raum der Isolation und erforsche mutig neue Grenzen, denn es gilt den Schatten in uns, das zunächst Unbekannte und das was Angst macht, in Harmonie anzuerkennen, um es dann in uns selbst zu vereinen. Erst dadurch wird es zu jener Kraft, die uns stetig stärkt. Gestatte Dir, neue Wirklichkeiten zu erfahren. Jede Realität ist die Realität unserer Überzeugungen und Bewusstseinsmuster. Die Kunst besteht unter anderem darin, nicht jemand anderem „Raum" zu geben, sondern harmonisch den eigenen Raum festzulegen. Balanciere Himmel und Erde. Reise in andere, neue Welten. Aktiviere den Mut in Dir, der Dich in das Unbekannte eintreten lässt. Nutze die Schwingung der universellen Bewegung. Du befreist Dich endgültig aus dem Korsett der mechanischen Zeit und lebst in der offenen Allgegenwärtigkeit der heiligen ZEIT.

14) IX (iisch) – WEISSER MAGIER
Bedeutung: Magier, Schamane, Jaguar

IX – der weisse Magier – Die Kraft der Zeitlosigkeit:
Die Zeit und ihre Energien, schamanische Kraft, weiße Magie, Initiation, Einweihung, Ermächtigung, Energien zu rufen und mit ihnen zu arbeiten, bewusste Rituale, Integrität, Aufrichtigkeit, Wunder, der Lebenszauber, persönliche und kollektive Macht, innere und äußere Autorität.

<u>Wisse:</u> Wer die Zeit besitzt, besitzt den Geist! Wer besitzt Deine Zeit – Deinen Geist? Bist Du im Besitz Deiner ZEIT?

IX – Transformationskraft:
Öffne Dich der Möglichkeit von Magie und Wundern in Deinem Leben und löse Dich von den Fesseln machtbesessener Kontrolle. Beginne auf die Stimme Deines Herzens zu hören. Tauche ein in die Erfahrungen der ZEIT und lass Dich von den kosmischen Zeitzyklen begleiten, spüre den magischen Hauch der ZEIT, der mit Dir im Einklang sein möchte, werde SELBST zum Meister Deiner ZEIT, zum Merlin Deiner Tage, der stets in Verbindung mit seinem Herzen ist. Vertraue der Kraft, nach innen zu schauen, um den dort entstehenden Bildern im Dritten Auge das Vertrauen zu schenken.
Du bist aufgefordert, die Initiative zu ergreifen. Dieser „Maya-Magier" schenkt Dir den Zauberstab der ZEIT und damit die magische Kraft, auf Deinem eigenen ZEIT-STRAHL zu reisen, gleich als könntest Du Dich auf einer Lichtspirale bewegen. Verzaubere die Welt. Das Leben im Augenblick der zeitlosen Gegenwart ist ein Wunder.

15) MEN (men) – BLAUER ADLER
Bedeutung: Adler, Netzwerk

MEN – der blaue Adler – **Die Kraft der Vision:**
Visionen, Hoffnung, Voraussicht, Vernetzung, Über-Blick, Ein-Blick, visionäre Perspektiven, die heilige Visionssuche, Sinn des Lebens, schöpferische Imagination, Schöpfungsdrang, globales Bewusstsein, das planetare globale Dorf, Bildung und Ein-Bildung, Bewusstseins-erweiterung.

<u>Wisse:</u> Lebe nicht, um zu träumen, sondern lebe Deinen Traum!

MEN – Transformationskraft:
Eine Vision ist durchaus die Sinnfrage Deines Lebens bzw. der Glaube an sich SELBST. Deine Träume sind die Wegweiser zu Deiner Vision. Schenke Traum und Vision Deine Aufmerksamkeit und Du wirst er-kennen, warum es sich lohnt zu leben. Das größte Geschenk, das Du Dir selbst, dem Planeten und allem Sein machen kannst ist sehr ein-fach: Erinnere Dich an Dein Versprechen, dem Licht, dem Leben und der Liebe zu dienen. Werde SELBST gelebte Liebe. Glaube an Dich selbst – glaube an Deine Vision. Folge Deinen Träumen und Visionen. Erschaffe Deine Visionen. Meditiere und bitte darum, dass Deine Verbin-dung zum planetarischen Geist hergestellt wird. Dein größeres Selbst bringt Dich in Einklang mit dem globalen Bewusstsein. Singe und tan-ze mit visionärer Hoffnung für das eine Herz. Du empfängst die Wahr-heit, die Du gesucht hast. Du stellst ein Gleichgewicht zwischen Deinen persönlichen Bedürfnissen und Deinem Dienst an der Menschheit her. Deine heiligsten Wünsche und Visionen verwirklichen sich in Einklang mit Deiner göttlichen Führung.

16) CIB (kiib) – GELBER KRIEGER
Bedeutung: Führer, Pfeil, Fährmanns-Stab, Eule

CIB – gelber Krieger – Kraft der Angstlosigkeit:
Lichtkrieger, Geradlinigkeit, Ausdauer, Geduld, persönliche Stärke, Rückgrat, Entschlossenheit, freiwillige Disziplin, Standfestigkeit, Integrität, Abgrenzungsfähigkeit, Zivilcourage, ?– Frage-Zeichen, wer fragt – der führt! Galaktische Führung, innere Führung, göttliche Kommunikation.

Wisse: Dies ist die vertikale Ausrichtung: Die Verbindung mit der Erde und ihrem „Kristallenen Herzen" und mit der Schöpfung, dem „Galaktischen Zentrum" (Hunab K'u)

CIB – Transformationskraft:
Diese Energie ermöglicht Dir, in Dein eigenes kosmisches Wissen zurückzukehren. Ein Wissen, welches sich überwiegend vertikal (direkte Verbindung zur UR-Quelle) orientiert und so frei ist: von Angst, Manipulation und Misstrauen. Du folgst zweifellos dem Ruf Deiner inneren Stimme. Ergreife den Stab Deiner Macht. Sei ein Diener des Lichtes auf der Erde. Vertraue Deinen Gaben und Fähigkeiten. Die Verbindung mit dem kosmischen Bewusstsein ist Dein Geburtsrecht. Du heilst Dich und Deine Selbstzweifel und lässt sie frei. Die galaktische Intelligenz führt Dein Leben in die größere Ganzheit. Intuition und Rationalität vereinigen sich in Dir als kosmische Intelligenz. Du bist in bewusster, intelligenter Kommunikation mit Deinem größeren, höheren Selbst – mit der galaktischen Intelligenz.

17) CABAN (ka'ban) – ROTE ERDE
Bedeutung: Erde, Weihrauch, Erdkraft, Regenbogen

CABAN – die rote Erde – **Die Kraft von Navigation und Synchronisation:** Orientierung, Weg-Weiser, Richtung, Zu-Fälle, Synchronizität, Synergie, Zeichen, Symbole, Mandalas, Spurensuche, Stein-Kreise, Schutzschilde, Erdhüter, Kristallheilung, Kristall-Navigation, Astro-Navigation, Licht-Navigation, kosmische Maß-Stäbe, Pfadfinder, Weg-Bereiter, galaktische Lotsen, göttliche Ordnung, vom Chaos zum Kosmos.

<u>Wisse:</u> Dies ist absolute Mitte, die Kraft der gegenwärtigen Zentrierung und Balance. Körper, Geist und Seele möchten im Einklang sein.

CABAN – Transformationskraft:
Unsere Erde (TERRA GAIA) verfügt über ein vollkommenes Ausgerichtetsein. Auf der Erde findet immer alles gleichzeitig statt, Tag und Nacht, Sommer und Winter: alles im Einklang mit stetiger Frequenzerhöhung und Neuorientierung. Versuche auch Du, wie die Erde zu sein. Zentriere Dich, finde Deine Mitte, Deinen Punkt in Dir, der Dich natürlich ausrichtet und verbindet mit all Deinen Körpern, um so den Einklang (Synchronisation) von Körper, Seele und Geist zu erfahren. Vergiss nicht, Du birgst in Dir die ganze Erde. Akzeptiere Dein Sein, Deine gegenwärtige Verkörperung, Deine gegenwärtigen Umstände. Befreie Dich aus der Zerrissenheit und lebe in der absoluten Gegenwärtigkeit.

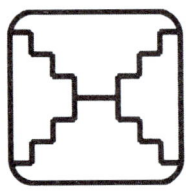

18) ETZNAB (etz'nab) – **WEISSER SPIEGEL**
Bedeutung: Spiegel, Schwert, Feuerstein = Obsidian-Messer

ETZNAB – der weisse Spiegel – **Die Kraft der Selbsterkenntnis:**
Endlosigkeit, Ewigkeit, klare Erkenntnis, Selbst-Erkenntnis, Saal der Spiegel, Reflexion, kosmische Antennen, Projektion, Echospiegelung, Relativität, Erscheinung, von der Verwirrung zur Klarheit, die Einheit in der Vielheit, Bildschirm, Medium, Hellsicht, Telepathie.

<u>Wisse:</u> „Erkenne Dich SELBST und siehe, Du erkennst Gott in Dir!" (Orakel von Delphi)

ETZNAB – Transformationskraft:
Hier gibt es kein „richtig" oder „falsch", kein „gut" oder „böse" – es gibt nur die Spiegelung dessen, was ist. Mit dem Schwert der Wahrheit befreist Du Dich von allen Täuschungen und Illusionen. Alle scheinbaren Widersprüche sind in Dir vereint. Finde die zeitlose Spiegelung einfacher Klarheit. Erlebe Dich durch andere Menschen gespiegelt und sieh' die anderen Sternentänzer und -tänzerinnen als Deinen Spiegel. Du befreist Dich ohne Groll von allem, was Dich vom Licht abhält. Kläre den Schatten in Deinem rauchigen Spiegel. Du bist die Wahrheit und zeitlose Ewigkeit jenseits aller Spiegel. Trete durch den Spiegel in die umfassendere Wirklichkeit. Reise zum Zentrum des Spiegelsaals – sei leer, einfach und still – frei für den Augenblick vom ewigen Irren durchs Labyrinth der Täuschung in dieser Welt des Scheins.

19) CAUAC (ka'uak) – BLAUER STURM
Bedeutung: Sturm, Donner, Regenwolke, violettes Feuer

CAUAC – der blaue Sturm – **Die Kraft der Transformation:**
Verwandlung, im Zentrum des Hurrikan, Blitz und Donner, Energie-Entladung, Power, Tanz auf dem Vulkan, Hingabe, Orgasmus, Erneuerung, Metamorphose, Phönix aus der Asche, Wirbel verursachen, freie Energie, Aktivierung zum Aufstieg.

Wisse: Der Weg der Transformation ist der Weg der Heilung und Frequenzerhöhung für Dich SELBST und die ERDE.

CAUAC – Transformationskraft:
Transformation ist nur im Zustand der Hingabe möglich. Hingabe kann erst beginnen, wenn die Kontrolle aufhört. Sei bereit zur totalen Transformation aller alten Muster. Befreie alle gebundene Energie aus den überholten Strukturen. Gib alles auf, was die Illusion der Trennung bestätigt – wirf diese Dinge symbolisch in die violette Flamme der Transformation und Deine wahre Essenz wird transformiert aus der Asche emporsteigen. Du steigst in einem spiralförmigen Strudel aus Licht auf. Läutere Dich und sei wiedergeboren im Herzen all dessen was ist. Erfahre die Ekstase von Befreiung und Freiheit.

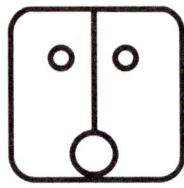

20) AHAU (a'hau) – GELBE SONNE
Bedeutung: Sonne, König, Ahnen, Taube, Blume

AHAU – die gelbe Sonne – **Kraft der bedingungslosen Liebe:**
Erleuchtung, Lichtbewusstsein, Licht, Lichtherz, die Sprache des Lichts. Selbst-Bewusstsein, der Sonnenlogos, solare Meisterschaft, Alpha und Omega, ich bin der – der ich bin, Glanz, Strahlkraft, Vereinigung, Einheit.

Wisse: Gleite im Strom der Zuvuya, dem Kreislauf, durch den alle Wesen zu sich SELBST zurückkehren.

AHAU – Transformationskraft:
Der erste entscheidende Schritt zur bedingungslosen Liebe ist: Akzeptiere Dich, so wie Du bist! Durch diese Handlung wirst Du SELBST zu einer Konstitution, die die gelebte bedingungslose Liebe zum Ausdruck bringen kann. Aus der Kraft der bedingungslosen Liebe heraus wird die mystische Energie der Wiedervereinigung mit dem Ursprung geboren. Gleite im Strom der <Zuvuya>. Vergegenwärtige Dir Dein Bewusstsein, dass Du ein Teil der Schöpfung bist und die Schöpfung ein Teil von Dir ist:
„ICH BIN, der ICH BIN." Damit verkörperst Du Deine solare Meisterschaft und wirst SELBST zur vollkommenen Manifestation Deiner Göttlichkeit. Du bist die Ewigkeit. Du bist eins mit der bedingungslosen Liebe und dem strahlenden Licht, welches Gott ist. Liebe alle Wesen und die ganze Schöpfung aus der Mitte deines inneren Lichts. Mit der Flamme im Herzen ist alles möglich.

DIE 13 TÖNE (ZAHLEN) DER SCHÖPFUNG

Das Spiel der Wellen

Eine Welle ist die Benennung der Zeitspanne von 13 Tagen. Zum besseren Verständnis könnten wir auch sagen, eine Maya-Welle entspricht einer Maya-Woche, die aber über 13 Tage hinweg geht und dabei den Ablauf der Zahlen von 1 bis 13, welche auch als Töne bezeichnet werden, berücksichtigt. Nach einem Ablauf von 13 Tagen folgt die nächste Welle von 13 Tagen usw.

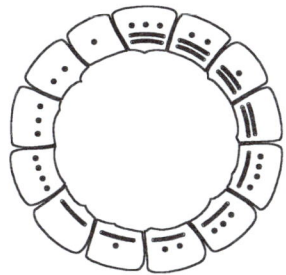

Die 13 Töne der Schöpfung können über 2 Betrachtungsweisen erfahren werden.

1. Als Pulsations-Strahl

In diesem Fall stellt jede Zahl einen Pulsations-Strahl mit einer bestimmten radio-resonanten Funktion dar, die mit der jeweiligen Qualität des Strahles gleichzeitig pulsiert und strahlt. Dies findet Anwendung, wenn die Bedeutung des Strahles alleine, ohne galaktisches Siegel, erfolgt (z.B. im TZOLKIN).

2. Als Definition einer bestimmten Qualität der Energie

In diesem Falle in Kombination mit einem der 20 galaktischen Siegel, wodurch auch der 260-Tage-Kalender der TZOLKIN entsteht.

Ton		Qualität		
•	1	Der **MAGNETISCHE** Ton der **Bestimmung**	vereinen	anziehen
••	2	Der **LUNARE** Ton der **Herausforderung**	polarisieren	stabilisieren
•••	3	Der **ELEKTRISCHE** Ton des **Dienens**	aktivieren	binden
••••	4	Der **SELBST-BESTEHENDE** Ton der **Form**	definieren	messen
——	5	Der **OBERTON** Ton der **Strahlung**	bekräftigen	bestimmen
•—	6	Der **RHYTHMISCHE** Ton der **Gleichheit**	organisieren	ausgleichen
••—	7	Der **RESONANTE** Ton des **Gleichklangs**	channeln	anregen
•••—	8	Der **GALAKTISCHE** Ton der **Ganzheit**	harmonisieren	formen
••••—	9	Der **SOLARE** Ton der **Absicht**	pulsieren	verwirklichen
═══	10	Der **PLANETARE** Ton der **Manifestation**	vervollkommnen	erzeugen
•═══	11	Der **SPEKTRALE** Ton der **Befreiung**	auflösen	freisetzen
••═══	12	Der **KRISTALLE** Ton der **Zusammenarbeit**	widmen	allumfassen
•••═══	13	Der **KOSMISCHE** Ton der **Gegenwärtigkeit**	ertragen	übersteigen

Der gesamte TZOLKIN-Durchlauf von 260 Tagen enthält 20 Wellen mit 13 Tagen. Die unterschiedlichen Wellen tragen auch unterschiedliche Informationen, die ausschlaggebend sind im Zusammenhang mit der Geburt und den mitgebrachten Lernaufgaben, die ich gerne als Inkarnationsjob bezeichne, oder auch zur aktuellen Zeitinformation zum globalen, wie auch persönlichen Maya-Jahr. Weitere Informationen zum Umgang mit dem Maya-Zeit-Wissen wird es in einem demnächst erscheinenden Ergänzungswerk geben. Grundsätzlich steht das Wissen der Maya-Zeit auch in Seminaren und in Einzelberatungen zur Verfügung. Hier gerne mehr auf meiner Website: www.visionmaya.de.

DIE EINWEIHUNG

Spirit Touch

Gerne gebe ich hier mit dem Einverständnis meiner Tochter Jessica ihre Worte wieder bezüglich eines fast unglaublichen Erlebnisses während unserer letzen Mexiko-Maya-Reise im August 2008.

„Gestern Abend haben wir uns zu einer Zeremonie mit den Maya-Ältesten getroffen! In vollkommener Dunkelheit liefen wir, alle in Weiß mit roten Bauchbinden gekleidet auf den Ritualplatz zu, der uns bereits mit dem Schein einiger Fackeln begrüßte. Kurz wurde uns erklärt, dass nun die Durchführung einer Geburtstagszeremonie stattfinden soll, da in unserer Reisegruppe insgesamt 5 August-Geburtstagskinder sind. Die 5 entspricht auch den 4 Himmelrichtungen und dem Zentrum in der Mitte. So waren auch die Fackeln angeordnet, über Kreuz und eine in der Mitte. Alle haben eine heilige, weiße Kerze überreicht bekommen. Der Ablauf beinhaltet die Anrufung der Himmelsrichtungen, dann das Entzünden der Kerzen an der Fackel im Osten, um dann mit der Kerze in den Händen im Kreis zu laufen, wobei es möglich wäre, sich etwas zu wünschen. Alle dürfen das nacheinander vollziehen, wobei darauf zu achten ist, dass der Kreis selbst niemals leer ist. Wenn wir dann den Kreis verlassen, soll die Kerze wieder gelöscht werden. Wir können sie dann mit nach Deutschland nehmen, um sie wieder einmal in diesem Sinne zu nutzen. Wir wurden gefragt, ob wir das verstanden hätten, denn jetzt sollte die Anrufung der Himmelrichtungen erfolgen. Alle nickten zustimmend, dann trat erneut einer der Maya-Ältesten hervor und fragte in Englisch: „Wir haben gehört, unter Euch ist eine Frau, die es versteht die heilige Muschel zu blasen, wo ist sie? Sie soll mit ihrer Muschel vortreten und zu uns kommen!" Natürlich konnte nur ich das sein. Mama hatte zwar zunächst für sich eine solche Muschel gekauft auf der Isla Mujeres, der Insel der Frauen, am heiligen Platz von Ixchel, die bei den Maya so etwas Ähnliches darstellt wie die Marienkraft, jedenfalls gleich bei der ersten Station unserer Reise. Doch Mama brachte keinen Ton heraus. Als ich es versucht habe, kam zum Erstaunen aller Anwesenden gleich beim ersten Versuch ein gewaltiger Ton heraus. Unter Blicken der Bewunderung wurde uns die Muschel verkauft, sogar mit einem Tipp und dem Segen, dass es gelingen mag, diese Muschel nach Deutschland zu bringen.

Schnell holte ich die Muschel aus der Tasche hervor und trat mit klopfendem Herzen und zitternden Händen in den Kreis der Maya-Ältesten. Ich versuchte zu erklären, dass ich das eigentlich noch nicht so gut kann, aber sie meinten nur, jeder müsse einmal anfangen und ich soll einfach nur auf ihre Handzeichen achten, wie oft die Muschel zu blasen wäre und in welche Richtung sie sich dabei wenden würden. Ich wusste, mir wurde damit eine große Ehre zuteil.

In vollkommener Aufmerksamkeit und mit meiner bestmöglichen Hingabe habe ich die Muschel geblasen. Nicht alle Töne waren gleich laut und gleich lang, aber im Verbund mit allen 4 geblasenen Muscheln ein unglaublich in mir vibrierendes Erlebnis. Der Maya-Priester hat während der Anrufung der Himmelsrichtungen einige Gebete in der originalen Mayasprache gesprochen und uns schließlich aufgefordert, nun mit dem Ritual zu beginnen. Einer nach dem anderen, Frauen wie Männer, trat mit seiner Kerze in den heiligen Kreislauf ein. Sehr besonnen und sich ebenfalls der erteilten Ehre bewusst gingen alle im Kreis herum und dann wieder an ihren Platz im Außenkreis zurück. Als das Ritual als solches zu Ende war, wurden noch einmal alle Geburtstagskinder in die Mitte gebeten, um einen speziellen Segen vom Maya-Priester zu erhalten. Wir 5 fanden uns in der Mitte ein und knieten nieder. In einer gewaltigen Weihrauchwolke wurde uns der Segen des Maya-Priesters zuteil, indem er einige Spritzer Wasser, wohl ähnlich dem Weihwasser, auf uns aufbrachte, dann hielt er seine segnende Hand über uns, um wieder einige Worte im Gebet der Maya zu uns zu sprechen. Als alle gesegnet waren, haben wir uns erhoben und sind wieder an unseren Platz zurück. Ich ging davon aus, dass das Ritual nun beendet wäre, aber schon wieder wurde ich aufgefordert, erneut die Muschelbläser zu unterstützen. So wie das Ritual begonnen hatte, so sollte es auch enden. Wieder gab ich mein Bestes! Dann kam der Älteste der Muschelbläser auf mich zu und meinte in englischen Worten, wobei mir meine Mutter wie auch Uwe, unser Reiseleiter, bei der Übersetzung halfen, deren Worte ungefähr diese waren: „Wenn Du die Muschel bläst, musst Du Dich immer zuerst mit ihr verbinden und als nächstes mit der Schöpfung, Hunab Kú, dem großen Geist, Gott, oder wie immer Du dazu sagen möchtest. In dieser Verbindung (er zeigte und wiederholte einige entsprechende Handbewegungen dazu) ist es nicht nur möglich, die Muschel rituell zu blasen, sondern Du kannst dann, wenn Du es richtig verstehst, diese Kraft

holen, um sie den Menschen zu schenken. Dies bewirkt, dass die Verbindung zu Gott in Fluss kommen kann. Die Spiritualität wird so geweckt und kann auch auf diese Art gepflanzt werden, was durchaus zur Öffnung des Herzens führen kann. Komm, ich zeig Dir das. Setz Dich bitte im Lotussitz hin." Ich folgte seiner Anweisung. Dann stellte er sich hinter mich und bat mich, meine Augen zu schließen. Ich kann es nicht wirklich beschreiben und weiß nicht mehr recht, wie und wo er dann die Muschel geblasen hat, jedenfalls einige Male hintereinander weg und dabei geschah etwas fast Unbeschreibbares. Ein Ge-

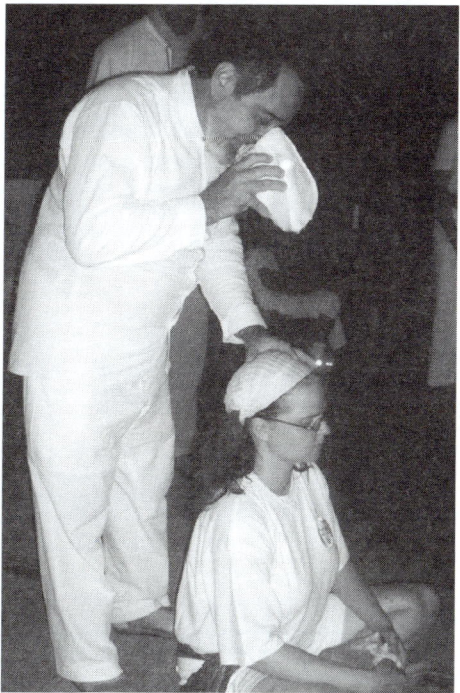

„God has touched you!"

fühl von unendlicher Liebe drang von oben herab über meinen Kopf direkt in meinen Körper hinein. Ich fühlte mich in diesem Moment unendlich frei. Mir sind die Tränen nur so aus den Augen geschossen und danach bekam ich gesagt: „God has touched you!"

Ich dachte nur, was auch immer mich da berührt hat, ich danke unendlich für diese Erfahrung! Danach hab ich gesagt bekommen, ich hätte hiermit die Berechtigung, dies ebenfalls bei auserwählten Menschen zu machen, jedenfalls sobald ich beherrsche, die Muschel zu blasen. Meine Mutter, wie auch Uwe, machten mir noch mal klar, was da geschehen ist war wirklich eine große Ehre. Der Ton der Muschel drang über das Scheitelchakra bzw. dem Platz der Fontanelle beim Menschen in mich ein. Mama meinte auch, es wäre vollkommen klar, von nun an kann das nur noch meine Muschel sein und nur ich darf sie blasen! So will es jedenfalls der Plan der Schöpfung. Wie es bei Maya-Ritualen üblich ist, ging ich dann vollkommen in die Schweigezeit von 91 Tagen ein. Das hat den Sinn, nichts zu zerreden, um auch vollkommen bewusst alle dazugehörenden Erfahrungen und Nachwirkungen zu erleben. Diese Zeit ist bereits vorbei, aber bis heute gelingt es mir kaum, wirklich darüber zu reden, so heilig ist mir dieses Erlebnis. Voller Dankbarkeit bin ich darüber, dass im Plan der Schöpfung ebenfalls vorgesehen war, meine Muschel nach Hause zu bekommen."

TZOLKIN mit Daten für 2009 - 2012

	1	21	41	61	81	101	121	141	161	181	201	221	241
2009	23.07.	12.08.	01.09.	21.09.	11.10.	31.10.	20.11.	10.12.	30.12.	04.05.	24.05.	13.06.	03.07.
2010	25.12.									19.01.	08.02.	28.02.	20.03.
2010	09.04.	29.04.	19.05.	08.06.	28.06.	18.07.	07.08.	27.08.	16.09.	06.10.	26.10.	15.11.	05.12.
2011		14.01.	03.02.	23.02.	15.03.	04.04.	24.04.	14.05.	03.06	23.06.	13.07.	02.08.	22.08.
2011	11.09.	01.10.	21.10.	10.11.	30.11.	20.12.							
2012							09.01	29.01.	18.02.	10.03.	30.03.	19.04.	09.05.
2012	29.05.	18.06.	08.07.	28.07.	17.08.	06.09.	26.09.	16.10	05.11.	25.11.	15.12.		

	2	22	42	62	82	102	122	142	162	182	202	222	242
2009	24.07.	13.08.	02.09.	22.09.	12.10.	01.11.	21.11.	11.12.	31.12.	05.05.	25.05.	14.06.	04.07.
2010	26.12.									20.01.	09.02.	01.03.	21.03.
2010	10.04.	30.04.	20.05.	09.06.	29.06.	19.07.	08.08.	28.08.	17.09.	07.10.	27.10.	16.11.	06.12.
2011		15.01.	04.02.	24.02.	16.03.	05.04.	25.04.	15.05.	04.06	24.06.	14.07.	03.08.	23.08.
2011	12.09.	02.10.	22.10.	11.11.	01.12.	21.12.							
2012							10.01.	30.01.	19.02.	11.03.	31.03.	20.04.	10.05.
2012	30.05.	19.06.	09.07.	29.07.	18.08.	07.09	27.09.	17.10.	06.11.	26.11.	16.12.		

	3	23	43	63	83	103	123	143	163	183	203	223	243
2009	25.07.	14.08.	03.09.	23.09.	13.10.	02.11.	22.11.	12.12.	16.04.	06.05.	26.05.	15.06.	05.07.
2010	27.12.								01.01.	21.01.	10.02.	02.03.	22.03.
2010	11.04.	01.05.	21.05.	10.06.	30.06.	20.07.	09.08.	29.08.	18.09.	08.10.	28.10.	17.11.	07.12.
2011		16.01.	05.02.	25.02.	17.03.	06.04.	26.04.	16.05.	05.06.	25.06.	15.07.	04.08.	24.08.
2011	13.09.	03.10.	23.10.	12.11.	02.12.	22.12.							
2012							11.01.	31.01	20.02.	12.03.	01.04.	21.04.	11.05.
2012	31.05.	20.06.	10.07.	30.07.	19.08.	08.09.	28.09.	18.10.	07.11.	27.11.	17.12.		

	4	24	44	64	84	104	124	144	164	184	204	224	244
2009	X26.07	15.08.	04.09.	24.09.	14.10.	03.11.	23.11.	13.12.	17.04.	07.05.	27.05.	16.06.	06.07.
2010	28.12.								02.01	22.01.	11.02.	03.03.	23.03.
2010	12.04.	02.05.	22.05.	11.06.	01.07.	21.07.	10.08.	30.08.	19.09.	09.10.	29.10.	18.11.	08.12.
2011		17.01.	06.02.	26.02.	18.03.	07.04.	27.04.	17.05.	06.06.	26.06.	16.07.	05.08.	25.08.
2011	14.09.	04.10.	24.10.	13.11.	03.12.	23.12.							
2012							12.01.	01.02.	21.02.	13.03.	02.04.	22.04	12.05.
2012	01.06	21.06.	11.07.	31.07.	20.08.	09.09	29.09.	19.10.	08.11.	28.11.	18.12.		

	5	25	45	65	85	105	125	145	165	185	205	225	245
2009	27.07.	16.08.	05.09.	25.09.	15.10.	04.11.	24.11.	14.12.	18.04.	08.05.	28.05.	17.06.	07.07.
2010	29.12.								03.01	23.01.	12.02.	04.03.	24.03.
2010	13.04.	03.05.	23.05.	12.06	02.07.	22.07.	11.08.	31.08.	20.09.	10.10.	30.10.	19.11.	09.12.
2011		18.01.	07.02	27.02.	19.03.	08.04.	28.04.	18.05.	07.06.	27.06.	17.07.	06.08.	26.08.
2011	15.09.	05.10.	25.10.	14.11.	04.12.	24.12.							
2012							13.01.	02.02.	22.02.	14.03.	03.04.	23.04	13.05.
2012	02.06	22.06.	12.07.	01.08.	21.08.	10.09.	30.09.	20.10.	09.11.	29.11.	19.12.		

	6	26	46	66	86	106	126	146	166	186	206	226	246
2009	28.07.	17.08.	06.09.	26.09.	16.10	05.11.	25.11.	15.12.	19.04.	09.05.	29.05.	18.06.	08.07.
2010	30.12.								04.01.	24.01.	13.02.	05.03.	25.03.
2010	14.04.	04.05.	24.05.	13.06.	03.07.	23.07.	12.08.	01.09.	21.09.	11.10.	31.10.	20.11.	10.12.
2011		19.01.	08.02.	28.02.	20.03.	09.04.	29.04.	19.05.	08.06.	28.06.	18.07.	07.08.	27.08.
2011	16.09.	06.10.	26.10.	15.11.	05.12.	25.12.							
2012							14.01.	03.02.	23.02.	15.03.	04.04.	24.04.	14.05.
2012	03.06	23.06.	13.07.	02.08.	22.08.	11.09.	01.10.	21.10.	10.11.	30.11.	20.12.		

	7	27	47	67	87	107	127	147	167	187	207	227	247
2009	29.07.	18.08.	07.09	27.09.	17.10	06.11.	26.11.	16.12.	20.04.	10.05.	30.05.	19.06.	09.07.
2010	31.12.								05.01.	25.01.	14.02.	06.03.	26.03.
2010	15.04.	05.05.	25.05.	14.06.	04.07.	24.07.	13.08.	02.09.	22.09.	12.10.	01.11.	21.11.	11.12.
2011		20.01.	09.02.	01.03.	21.03.	10.04.	30.04.	20.05.	09.06.	29.06.	19.07.	08.08.	28.08.
2011	17.09.	07.10.	27.10.	16.11.	06.12.	26.12.							
2012							15.01.	04.02.	24.02.	16.03.	05.04.	25.04.	15.05.
2012	04.06	24.06.	14.07.	03.08.	23.08.	12.09.	02.10.	22.10.	11.11.	01.12.	21.12.		

	8	28	48	68	88	108	128	148	168	188	208	228	248
2009	30.07.	19.08.	08.09.	28.09.	18.10.	07.11.	27.11.	17.12.	21.04.	11.05.	31.05.	20.06.	10.07.
2010									06.01.	26.01.	15.02.	07.03.	27.03.
2010	16.04.	06.05.	26.05.	15.06.	05.07.	25.07.	14.08.	03.09.	23.09.	13.10.	02.11.	22.11.	12.12.
2011	01.01.	21.01.	10.02.	02.03.	22.03.	11.04.	01.05.	21.05.	10.06.	30.06.	20.07.	09.08.	29.08.
2011	18.09.	08.10.	28.10.	17.11.	07.12.	27.12.							
2012							16.01.	05.02.	25.02.	17.03.	06.04.	26.04.	16.05.
2012	05.06.	25.06.	15.07.	04.08.	24.08.	13.09.	03.10.	23.10.	11.11.	02.12.	22.12.		

	9	29	49	69	89	109	129	149	169	189	209	229	249
2009	31.07.	20.08.	09.09	29.09.	19.10.	08.11.	28.11.	18.12.	22.04	12.05.	01.06.	21.06.	11.07.
2010									07.01.	27.01.	16.02.	08.03.	28.03.
2010	17.04.	07.05.	27.05.	16.06.	06.07.	X26.07	15.08.	04.09.	24.09.	14.10.	03.11.	23.11.	13.12.
2011	02.01	22.01.	11.02.	03.03.	23.03.	12.04.	02.05.	22.05.	11.06.	01.07.	21.07.	10.08.	30.08.
2011	19.09.	09.10.	29.10.	18.11.	08.12.	28.12.							
2012							17.01.	06.02.	26.02.	18.03.	07.04.	27.04.	17.05.
2012	06.06.	26.06.	16.07.	05.08.	25.08.	14.09.	04.10.	24.10.	13.11.	03.12.	23.12.		

	10	30	50	70	90	110	130	150	170	190	210	230	250
2009	01.08.	21.08.	10.09.	30.09.	20.10.	09.11.	29.11.	19.12.	23.04	13.05.	02.06.	22.06	12.07
2010									08.01.	28.01.	17.02.	09.03.	29.03.
2010	18.04.	08.05.	28.05.	17.06.	07.07.	27.07.	16.08.	05.09.	25.09.	15.10.	04.11.	24.11.	14.12.
2011	03.01	23.01.	12.02.	04.03.	24.03.	13.04.	03.05.	23.05.	12.06	02.07.	22.07.	11.08.	31.08.
2011	20.09.	10.10.	30.10.	19.11.	09.12.	29.12.							
2012							18.01.	07.02	27.02.	19.03.	08.04.	28.04.	18.05.
2012	07.06.	27.06.	17.07.	06.08.	26.08.	15.09.	05.10.	25.10.	14.11.	04.12.	24.12.		

	11	31	51	71	91	111	131	151	171	191	211	231	251
2009	02.08.	22.08.	11.09.	01.10.	21.10.	10.11.	30.11.	20.12.	24.04.	14.05.	03.06	23.06.	13.07.
2010									09.01	29.01.	18.02.	10.03.	30.03.
2010	19.04.	09.05.	29.05.	18.06.	08.07.	28.07.	17.08.	06.09.	26.09.	16.10.	05.11.	25.11.	15.12.
2011	04.01.	24.01.	13.02.	05.03.	25.03.	14.04.	04.05.	24.05.	13.06.	03.07.	23.07.	12.08.	01.09.
2011	21.09.	11.10.	31.10.	20.11.	10.12.	30.12.							
2012							19.01.	08.02.	28.02.	20.03.	09.04.	29.04.	19.05.
2012	08.06.	28.06.	18.07.	07.08.	27.08.	16.09.	06.10.	26.10.	15.11.	05.12.	25.12.		

	12	32	52	72	92	112	132	152	172	192	212	232	252
2009	03.08.	23.08.	12.09.	02.10.	22.10.	11.11.	01.12.	21.12.	25.04.	15.05.	04.06	24.06.	14.07.
2010									10.01.	30.01.	19.02.	11.03.	31.03.
2010	20.04.	10.05.	30.05.	19.06.	09.07.	29.07.	18.08.	07.09	27.09.	17.10.	06.11.	26.11.	16.12.
2011	05.01.	25.01.	14.02.	06.03.	26.03.	15.04.	05.05.	25.05.	14.06.	04.07.	24.07.	13.08.	02.09.
2011	22.09.	12.10.	01.11.	21.11.	11.12.	31.12.							
2012							20.01.	09.02.	01.03.	21.03.	10.04.	30.04.	20.05.
2012	09.06.	29.06.	19.07.	08.08.	28.08.	17.09.	07.10.	27.10.	16.11.	06.12.	26.12.		

	13	33	53	73	93	113	133	153	173	193	213	233	253
2009	04.08.	24.08.	13.09.	03.10.	23.10.	12.11.	02.12.	22.12.	26.04.	16.05.	05.06.	25.06.	15.07.
2010									11.01.	31.01	20.02.	12.03.	01.04.
2010	21.04.	11.05.	31.05.	20.06.	10.07.	30.07.	19.08.	08.09.	28.09.	18.10.	07.11.	27.11.	17.12.
2011	06.01.	26.01.	15.02.	07.03.	27.03.	16.04.	06.05.	26.05.	15.06.	05.07.	25.07.	14.08.	03.09.
2011	23.09.	13.10.	02.11.	22.11.	12.12.								
2012						01.01.	21.01.	10.02.	02.03.	22.03.	11.04.	01.05.	21.05.
2012	10.06.	30.06.	20.07.	09.08.	29.08.	18.09.	08.10.	28.10.	17.11.	07.12.	27.12.		

	14	34	54	74	94	114	134	154	174	194	214	234	254
2009	05.08.	25.08.	14.09.	04.10.	24.10.	13.11.	03.12.	23.12.	27.04.	17.05.	06.06.	26.06.	16.07.
2010									12.01.	01.02.	21.02.	13.03.	02.04.
2010	22.04	12.05.	01.06.	21.06.	11.07.	31.07.	20.08.	09.09	29.09.	19.10.	08.11.	28.11.	18.12.
2011	07.01.	27.01.	16.02.	08.03.	28.03.	17.04.	07.05.	27.05.	16.06.	06.07.	X26.07	15.08.	04.09.
2011	24.09.	14.10.	03.11.	23.11.	13.12.								
2012						02.01	22.01.	11.02.	03.03.	23.03.	12.04.	02.05.	22.05.
2012	11.06.	01.07.	21.07.	10.08.	30.08.	19.09.	09.10.	29.10.	18.11.	08.12.	28.12.		

	15	35	55	75	95	115	135	155	175	195	215	235	255
2009	06.08.	26.08.	15.09.	05.10.	25.10.	14.11.	04.12.	24.12.	28.04.	18.05.	07.06.	27.06.	17.07.
2010									13.01.	02.02.	22.02.	14.03.	03.04.
2010	23.04	13.05.	02.06.	22.06.	12.07.	01.08.	21.08.	10.09.	30.09.	20.10.	09.11.	29.11.	19.12.
2011	08.01.	28.01.	17.02.	09.03.	29.03.	18.04.	08.05.	28.05.	17.06.	07.07.	27.07.	16.08.	05.09.
2011	25.09.	15.10.	04.11.	24.11.	14.12.								
2012						03.01	23.01.	12.02.	04.03.	24.03.	13.04.	03.05.	23.05.
2012	12.06	02.07.	22.07.	11.08.	31.08.	20.09.	10.10.	30.10.	19.11.	09.12.	29.12.		

	16	36	56	76	96	116	136	156	176	196	216	236	256
2009	07.08.	27.08.	16.09.	06.10.	26.10.	15.11.	05.12.	25.12.	29.04.	19.05.	08.06.	28.06.	18.07.
2010									14.01.	03.02.	23.02.	15.03.	04.04.
2010	24.04.	14.05.	03.06	23.06.	13.07.	02.08.	22.08.	11.09.	01.10.	21.10.	10.11.	30.11.	20.12.
2011	09.01	29.01.	18.02.	10.03.	30.03.	19.04.	09.05.	29.05.	18.06.	08.07.	28.07.	17.08.	06.09.
2011	26.09.	16.10.	05.11.	25.11.	15.12.								
2012						04.01.	24.01.	13.02.	05.03.	25.03.	14.04.	04.05.	24.05.
2012	13.06.	03.07.	23.07.	12.08.	01.09.	21.09.	11.10.	31.10.	20.11.	10.12.	30.12.		

	17	37	57	77	97	117	137	157	177	197	217	237	257
2009	08.08.	28.08.	17.09.	07.10.	27.10.	16.11.	06.12.	26.12.	30.04.	20.05.	09.06.	29.06.	19.07.
2010									15.01.	04.02.	24.02.	16.03.	05.04.
2010	25.04.	15.05.	04.06	24.06.	14.07.	03.08.	23.08.	12.09.	02.10.	22.10.	11.11.	01.12.	21.12.
2011	10.01.	30.01.	19.02.	11.03.	31.03.	20.04.	10.05.	30.05.	19.06.	09.07.	29.07.	18.08.	07.09
2011													
2012	27.09.	17.10.	06.11.	26.11.	16.12.	05.01.	25.01.	14.02.	06.03.	26.03.	15.04.	05.05.	25.05.
2012	14.06.	04.07.	24.07.	13.08.	02.09.	22.09.	12.10.	01.11.	21.11.	11.12.	31.12.		

	18	38	58	78	98	118	138	158	178	198	218	238	258
2009	09.08.	29.08.	18.09.	08.10.	28.10.	17.11.	07.12.	27.12.	01.05.	21.05.	10.06.	30.06.	20.07.
2010									16.01.	05.02.	25.02.	17.03.	06.04.
2010	26.04.	16.05.	05.06.	25.06.	15.07.	04.08.	24.08.	13.09.	03.10.	23.10.	12.11.	02.12.	22.12.
2011	11.01.	31.01	20.02.	12.03.	01.04.	21.04.	11.05.	31.05.	20.06.	10.07.	30.07.	19.08.	08.09.
2011	28.09.	18.10.	07.11.	27.11.	17.12.								
2012						06.01.	26.01.	15.02.	07.03.	27.03.	16.04.	06.05.	26.05.
2012	15.06.	05.07.	25.07.	14.08.	03.09.	23.09.	13.10.	02.11.	22.11.	12.12.			

	19	39	59	79	99	119	139	159	179	199	219	239	259
2009	10.08.	30.08.	19.09.	09.10.	29.10.	18.11.	08.12.	28.12.	02.05.	22.05.	11.06.	01.07.	21.07.
2010									17.01.	06.02.	26.02.	18.03.	07.04.
2010	27.04.	17.05.	06.06.	26.06.	16.07.	05.08.	25.08.	14.09.	04.10.	24.10.	13.11.	03.12.	23.12.
2011	12.01.	01.02.	21.02.	13.03.	02.04.	22.04	12.05.	01.06.	21.06.	11.07.	31.07.	20.08.	09.09
2011	29.09.	19.10.	08.11.	28.11.	18.12.								
2012						07.01.	27.01.	16.02.	08.03.	28.03.	17.04.	07.05.	27.05.
2012	16.06.	06.07.	X26.07	15.08.	04.09.	24.09.	14.10.	03.11.	23.11.	13.12.			

	20	40	60	80	100	120	140	160	180	200	220	240	260
2009	11.08.	31.08.	20.09.	10.10.	30.10.	19.11.	09.12.	29.12.	03.05.	23.05.	12.06	02.07.	22.07.
2010									18.01.	07.02	27.02.	19.03.	08.04.
2010	28.04.	18.05.	07.06.	27.06.	17.07.	06.08.	26.08.	15.09.	05.10.	25.10.	14.11.	04.12.	24.12.
2011	13.01.	02.02.	22.02.	14.03.	03.04.	23.04	13.05.	02.06.	22.06.	12.07.	01.08.	21.08.	10.09.
2011	30.09.	20.10.	09.11.	29.11.	19.12.								
2012						08.01.	28.01.	17.02.	09.03.	29.03.	18.04.	08.05.	28.05.
2012	17.06.	07.07.	27.07.	16.08.	05.09.	25.09.	15.10.	04.11.	24.11.	14.12.			

Ahau: Höchster Herrschertitel bei den Maya.

Ah Kin: Allgemeiner Name für Priester, früher waren es die Zeit-Zähler.

Baktun: Periode von 20 Katun oder 144 000 Tage im Maya-Kalender.

Balché: Baum oder gleichnamiges Zeremonialgetränk, dabei wird die Rinde des Baumes vergoren und mit Honig gesüßt, heute noch in Gebrauch.

Cab: Erde.

Chikin: Westen in Verbindung mit der Farbe Schwarz (Blau).

Codex: Präkolumbianisches Faltbuch aus Rindenbast (innere Rinde des Feigenbaumes), verwendet für Aufzeichnungen und Anweisungen von religiösen, astronomischen, kalendarischen, administrativen und historischen Themen. Fast alle Kodizes wurden während der spanischen Eroberungszeit geraubt oder verbrannt. Ein wunderschönes Exemplar wird in der Landesbibliothek in Dresden verwahrt, weitere gibt es in Madrid und Paris.

Cenote: Mayanisch dz'onot, natürlicher unterirdischer Brunnen.

Chilam Balam: Niederschrift aus der frühen Kolonialzeit in der Maya-Sprache von Yucatán, enthalten Prophezeiungen und sind in mehreren Abschriften erhalten, die besten davon die von Chumayal und Tizimin.

Copal: Weihrauch-Harz, wird für Räucherungen verwendet.

Haab: Sonnenjahr mit 365 Tagen, eingeteilt in 18 Uinal und Schlussmonat Uayeb mit 5 Tagen.

H'Men: Maya-Schamane, Heiler, Magier, Zauberer, siehe auch Xaman.

Huipil: Traditionelle, reich bestickte Tracht der Maya-Frauen.

Hunab Kú: Der Eine Spender von Bewegung (Rhythmus) und Maß. Das Prinzip intelligenter Energie, das das gesamte Universum prägt und belebt.

Huyub Caan: (Bekannt als Hurrikan) Das Herz des Himmels.

INAH: Instituto Nacional de Antropologia e Historia. Mex. Altertumsbehörde, der alle archelogischen Zonen unterstellt sind.

Indigena: Korrekte Bezeichnung eines Menschen mit indianischer Abstammung auf dem gesamten amerikanischen Kontinent. Der Gebrauch der Worte Indios oder Indianer ist diskriminierend.

In Lak éch: ICH BIN EIN ANDERS DU SELBST, Prinzip universeller Liebe und Mitgefühl, Maya-Gruß.

Izaes: Die ersten Kinder des Wassers, Wasser-Zauberer, die Atlanter.

Itzamná: Schöpfergott der Maya, männlicher Schöpfungsaspekt.

Ixchel: Maya-Göttin der Heilkunst und Fruchtbarkeit, weiblicher Schöpfungsaspekt, wird heute noch verehrt, wie Mutter Maria auf Isla Mujeres.

Kaan: Himmel.

Katun: Zeitabschnitt von 20 Jahren (20 Tun mit je 360 Tagen) .

Kin: Tag oder Sonne, Grundeinheit in der Maya-Zeit-Zählung.

Kinich Ahau: Erleuchteter Sonnengeist, Geist des Lichtes, Erleuteter.

Konquistador: Eroberer im Namen der spanischen Krone im 16. Jh.

Kuxan Suum: Straße zum Himmel, Nabelschnur des Universum, unsichtbare Verbindung zur Sonne und durch sie hindurch...

Kosmovision Maya: Verbindet das Leben mit dem Menschsein, dem Denken und Fühlen; leben und handeln in der Verantwortung aller Elemente und Lebewesen mit unserer Umwelt und es gibt keine Unterschiede in Glauben oder Hautfarbe. So soll es nach 2012 auf unserer Erde sein.

Kukulkán: Gefiederte Schlange, Überbringer der Kultur, Herrschertitel.

Lakin: Osten in Verbindung mit der Farbe Rot.

Longcount: Lange Zählung der Tage seit der Erschaffung der Welt, bzw. dem bekannten Nullpunkt bei den Maya 3013 v. Chr. Initialserie.

Maya: Allgemeine Bezeichnung für die Indigenastämme, die seit Tausenden von Jahren in Guatemala, Honduras, Südmexico, Yucatán und Belize leben. Vergleichbarer Sammelbegriff wie Europäer. Bis heute gibt es gelegentlich Uneinigkeit darüber, weil einige Regionen für sich alleine die Bezeichnung Maya beanspruchen wollen. Wer die Kosmovision Maya jedoch verstanden hat, weiß, dass es keinen Anspruch oder Trennung geben kann.

Milpa: Maisfeld.

Nohol: Süden in Verbindung mit der Farbe Gelb.

Obsidian: Vulkanglasstein, meist schwarz, begehrte Handelswahre, verwendet als Pfeil-Speerspitzen, Messer und zur Schmuckherstellung. Heute werden daraus überwiegend Souvenirs hergestellt.

Pixan: In einer konkreten Form manifestierter Geist, die Seele.

Popol Vuh: Buch des Rates, enthält den Schöpfungsmythos der Maya.

Quetzal: Einer der schönsten tropischen Vögel mit besonders glänzenden und langen Schwanzfedern. Freiheitssymbol, Wappentier, Münzwährung.

Quetzalcoatl: siehe Kukulkán.

Quiché: Maya-Hauptstamm im Hochland von Guatemala, überwiegend um den Atitlansee lebend mit der Stadt Santa Cruz als Zentrum.

Sacbé: Weißer Weg, eine auf einem aufgeschütteten Damm verlaufende Maya-Straße, die verschiedene Maya-Städte (Zeremonialzentren) miteinander verbindet und zum Teil mit Quarzsteinen oder einer Mörtelkalkschicht überzogen wurde. Schnelle Fortbewegung war garantiert möglich.

Sac-Ha: Zeremonialgetränk mit Maisbasis, findet noch heute Verwendung.

Stele: Monolithischer Steinpfeiler, meist mit Reliefs geschmückt, die Baum-Steine der Maya, durchaus beseelte Objekte.

Suyua-Tan: Heilige Priestersprache der Maya, das Wissen der Sprache und deren Bewegungen (Frequenzen, Schwingungen) in Raum und Zeit.

Tun: Periode von 18 Uinal (20 Kin) im Maya-Kalender.

Tzolkin: Zählen der Tage, 260-Tage-Kalender, überwiegend verwendet von Priestern für Rituale und Vorhersagen, war nicht in Monate aufgeteilt, entspricht zudem der exakten Dauer einer Schwangerschaft und wird auch als die Kosmische Ordnung bezeichnet.

Uayeb: Maya-Kalender, 5 Tage Schlussmonat für Reinigung, Fasten, Beten.

Uinal: Periode von 20 Tagen (Kin) im Maya-Kalender.

Votan: Legendärer Überbringer der Kultur mit Sitz in Palenque.

Xaman: Norden, Verbindung zur Farbe Weiß, Ableitung zum Wort Schamane.

Xibalba: Unterwelt der Maya bzw. das Mineralreich.

Yax-Ché: Heiliger Baum des Anfangs in der Verehrung des Weltenbaumes, eine Ceiba-Art. Die Maya verehren 9 heilige Bäume, die sie auch gerne als ihre Ahnen bezeichnen.

Yaxkin: Der zentrale Mittelpunkt. Die quellenlose Quelle, Ort der Erneuerung, die Verbindung von Erde und Himmel mit der Farbdarstellung Grün.

Zuvuva, Zuyuya: Ewiger Kreislauf, durch den alle Wesen zu sich selbst zurückkehren <der heiße Draht nach oben>.

Adamson D., The Ruins of Time 1975

Argüelles José, The Mayan Factor 1987, Earth Ascending 1984, The Arcturus Probe 1996, Surfer der Zuvuya 1997

Arnold P., Das Totenbuch der Maya 1987

Bolio A.M. (Übers.), The Book of Chilam Balam of Chumayel 1987, Legenden der Maya 1992

Bolio J.D., The Geometry of the Maya 1965

Coe, M.D., Das Geheimnis der Maya-Schrift 1995

Cordan W., Popul Vuh, Das heilige Buch der Maya 1962

Cotterell M., Gilbert A., Die Prophezeiungen der Maya 1998

Huff S., The Mayan Calendar made easy 1984

Koppa M. F., Mayan Calendar 1996

Jenkins J. M., Maya Cosmogenesis 2012, 1998

Knaurs Kulturführer, Die Welt der Maya 1998

Landa de D., Bericht aus Yucatán, 1990

Landmann E., Weltbilderschütterung 1993

Lhuillier A.R., The Civilization of the Ancient Maya 1963

Morton C., Thomas C. L., Tränen der Götter 2000

Reiss-Museum der Stadt Mannheim, Die Welt der Maya 1993

Rolli U., Die unendliche Geschichte der Mayas 2001

Schele L., Freidel D., Maya Cosmos 1993

Spielbury A., Bryner M., Das Maya Orakel 1996

Stierlin H., Architektur der Welt, Maya 1964

Stingl M., Den Maya auf der Spur 1971

Thompson J.E.S., Maya Hieroglyphic Writing 1960

Tompkins P., Die Wiege der Sonne 1977